LA SABIDURÍA DEL YOGA

Ramiro Calle

Meditación
e iluminación

Dhyana y *Samadhi*

© 2025 by Ramiro Calle

© de la edición en castellano:
2025 by Editorial Kairós, S.A.
www.editorialkairos.com

Fotocomposición: Florence Carreté
Diseño cubierta: Katrien Van Steen
Impresión y encuadernación: Romanyà-Valls. 08786 Capellades

Primera edición: Septiembre 2025
ISBN: 978-84-1121-352-3
Depósito legal: B 9.856-2025

Este libro ha sido impreso con papel que proviene de fuentes
respetuosas con la sociedad y el medio ambiente y cuenta con los
requisitos necesarios para ser considerado un «libro amigo de los bosques».

Ve y zambúllete en el mar sereno de la soledad espiritual
y lava tu alma en el néctar de la meditación ambrosíaca.
Sumérgete en la profundidad de la unidad y
aléjate de las olas saladas de la dualidad
y de las aguas salobres de la diversidad.
Yoga-Vasishtha

La meditación es un trabajo de laboratorio
y un ataque dirigido contra la prakriti
para salir de su esclavitud.
SRI ANIRVAN

El camino más directo hacia el Ser es la meditación.
BABA SIBANANDA DE BENARÉS

Sumario

Nota del editor

Algún tiempo de los primeros siglos de la era común, vivió el sabio indio Patañjali. A él debemos la recopilación en poco menos de doscientos aforismos de una serie de enseñanzas y prácticas diversas y dispersas que compartían la etiqueta «yoga»; una sabiduría espiritual que se había ido gestando a lo largo de mil años.

Las *Upanishads* ya hablaban del yoga como «control de los sentidos», el budismo y el jainismo desarrollaron sus yogas, en el sentido de conjunto de prácticas espirituales (*marga*), como el famoso Noble Óctuple Sendero budista. La *Bhagavadgita* ahondaba en este significado amplio de yoga como «camino espiritual», proponiendo tres vías de progresión (conocimiento, acción y devoción).

Patañjali reunió en sus famosos *Yoga Sutras* gran parte de ese bagaje espiritual y filosófico. Lo denominó Kriya-Yoga (yoga de la acción) o Ashtanga-Yoga (yoga en ocho miembros). De esta forma, sistematizó una larga tradición espiritual, transmitida entre círculos de yoguis, ascetas y sabios, y le dio consistencia filosófica. Lo transformó en «punto de vista» (*darshana*), en clara sintonía con otra antigua escuela filosófica denominada Samkhya.

Sus *Yoga Sutras* fueron profusamente comentados. Las corrientes yóguicas posteriores tendieron a legitimarse y anclarse en los ocho miembros de Patañjali, incluso cuando la práctica yóguica se vio insuflada –primero– por las tradiciones tántricas, luego por la filosofía vedanta, y –a partir del siglo xx– por la eclosión de los nuevos yogas corporales. En todos los casos, el yoga en ocho miembros del legendario maestro ha quedado como referente ineludible de los yogas modernos.

Quién mejor que Ramiro Calle, pionero en la introducción y divulgación del yoga en lengua española, con una larguísima experiencia en interpretar, desgranar y facilitarnos lo más elevado de la cultura yóguica, para sumergirnos en la sabiduría de Patañjali. La serie que presentamos consta de cuatro libros concisos y esclarecedores que reúnen –en pares– los famosos ocho miembros que articulan la síntesis clásica del yoga.

El *Yama* y el *Niyama* versan sobre las predisposiciones éticas y de conducta del practicante; *Asana y Pranayama*, sobre las posturas y prácticas de respiración; *Dharana y Pratyahara,* abordan las técnicas de concentración y focalización, y *Dhyana y Samadhi*, finalmente, tienen que ver con la meditación yóguica y su culminación.

El conjunto representa una síntesis impagable acerca de la sabiduría yóguica; una milenaria tradición de acción espiritual que desborda con creces las prácticas posturales, pues las incluye en un programa liberador muy amplio, siempre abierto a múltiples interpretaciones y tradiciones.

AGUSTÍN PÁNIKER

Introducción

Al entrar en los grados séptimo y octavo de los propuestos por Patañjali, lo hacemos con igual ánimo e intención con los que hemos iniciado esta tetralogía, con la que deseamos conseguir que sus enseñanzas penetren en la práctica y no se queden en una atractiva teoría. Una vez más, habremos de comprobar que la intención de Patañjali es darnos suficientes elementos para llegar a tener la mente ordinaria bajo control, saneando la mente subconsciente para lograr que aflore un tipo de conocimiento que realmente nos cambia y nos libera.

Durante mis numerosas estadías en la India, la patria del yoga y mi segunda patria, me he reunido con muchas personas dedicadas al ámbito de la búsqueda interior para estudiar e indagar acerca de enseñanzas, métodos, claves y herramientas para mejorar la calidad de la vida psíquica, ensanchando la consciencia y tratando de liberarnos de una parte del inútil sufrimiento que genera una mente inmersa en la ignorancia y la torpeza. Me convertí, tal como se referían a mí los medios, en un «cazador de personas santas», en mi afán por hallar respuestas a los grandes interrogantes de la existencia. Aunque pronto comprendí y asimilé que las respuestas están, de manera muy especial, en la práctica, que es la que nos guía para poner a prueba la disciplina y obtener sus beneficios, porque sin *sadhana* (práctica) no hay yoga y sin *sadhana* no hay transformación ni sabiduría. Muchísimos años después de aquellos primeros y muy intensos viajes por la India, publiqué mi obra *Sadhana*, respondiendo a mi necesidad de compartir con los lectores hasta qué punto era imprescindible recurrir a la experiencia personal para comprobar sus beneficios y para que no quedara todo en promesas y ensoñaciones. Si el *sadhana* no lo llevan a cabo muchísimas más personas es porque, irremediablemente, como dice Patañjali, requiere esfuerzo y perseverancia, además de ciertas renuncias y algo de desapego. En resumen, que los resultados no son gratuitos, pese a que hoy en día muchas personas alardean de haberse realizado o iluminado sin el menor esfuerzo, pero es confortador tener presente que ningún esfuerzo se pierde y que, cuando uno cree que está retrocediendo, lo que está haciendo es tomar aliento para luego celebrar la atención con más brío.

En los volúmenes anteriores, hemos abordado cuatro de los ocho miembros o grados de Patañjali, que son exactamente: *asana, pranayama, patyahara* y *dharana*. Por lo tanto, en este volumen, nos adentraremos en otros dos grados que podríamos calificar como escurridizos, porque no son fáciles de comprender. *Dhyana* y *samadhi* son dos términos que parecen englobar diversos aspectos, pues incluso los *swamis* y *acharyas* que he entrevistado les otorgan distintos enfoques, aunque complementarios. Lo mismo que sucede con el término *yoga*, que puede entenderse como disciplina, meditación, quietud, actitud, técnica para lograr la liberación *mukti* (*moksha*), unión, yugo, disciplina ascética, filosofía y un largo etcétera.

Al definir *dhyana* y *samadhi*, Patañjali suele hacer gala de su parquedad, pues, una vez más, lo deja en manos del experimentador; o sea, del yogui. Sin embargo, de lo que no hay duda es de que son dos peldaños muy importantes: *dhyana* es importante porque es el acceso al *samadhi*, y este, porque es un estado cumbre y liberador de la consciencia. No es de extrañar, pero es de agradecer, que posteriormente a Patañjali aparecieran textos en los que se detallaba un gran número de técnicas para el desarrollo de la meditación y de la consciencia, como las que aparecen en el *Vijñana Bhairava Tantra*, algunas de las cuales recogemos en este libro. De hecho, el mismo Patañjali ya es «omniabarcante», en el sentido de que para conducir al yogui a *samadhi* se sirve de la ética o virtud, de métodos psicofísicos y de la abstracción mental propiamente dicha. Pese a que es cierto que en aquella época la sabiduría del yoga era dominio de los *sannyasins* (renunciantes), monjes, eremitas y notables mentores como los que tuvo Buda.

Patañjali recurre a actitudes y técnicas diversas para que uno pueda lograr lo que él considera esencial: suprimir las modificaciones del contenido mental y que quien lo consiga pueda visitar esa Mansión del Silencio (*Nirmanakala*), donde hay respuestas muy transformadoras que no se encuentran en la mente ordinaria, pues es en otro tipo de consciencia donde se halla ese vacío y el profundo silencio en el que se manifiesta el Sí-mismo.

Durante años investigué en esa Mansión del Silencio para obtener la mayor información posible que me permitió escribir mi trilogía iniciática *El faquir*, pues los yoguis y alquimistas se servían de numerosos métodos esotéricos para seguir la senda hacia la consciencia, más allá de la consciencia. Por lo visto, no sabemos, ni podemos discernir, si Patañjali se limitó a recoger enseñanzas y métodos para solo sistematizarlos o si él mismo fue realmente un sabio práctico y comprobó por sí mismo aquello sobre lo que escribía, o si incluso fue un maestro que impartió de viva voz y con su ejemplo la enseñanza. Aunque es indiscutible que las enseñanzas que transmite Patañjali tienen un objetivo principal, que es la obtención del *samadhi*. Sin embargo, si uno se colocara frente a la puerta de uno de esos macrogimnasios en los que se dice que se imparte «yoga» y fuera preguntando acerca del *samadhi* a la decena de alumnos que entran y salen, podemos estar seguros de que la mayoría ni siquiera habría escuchado este término y que de haberlo oído alguna vez por casualidad no tendría ni idea de a qué se refiere. Sin embargo, Patañjali ofrece enseñanzas para conseguir un modo de que el sufrimiento sea superado o por lo menos debilitado. Todo esto comienza a ser posible cuando uno se libera del apego que produce el placer, vence el egotismo y aplica de tal modo el discernimiento que supera ese velo espeso de ignorancia que provoca que confundamos lo real con lo ilusorio, lo permanente con lo impermanente y lo adquirido con lo real. Es decir, que nos identifiquemos de tal forma con la sustancia material (*prakriti*) que no podamos experimentar el Sí-mismo (*purusha*).

Esa identificación es la prisión de la que trata de sacarnos el gran maestro con sus consejos, prescripciones y métodos. Como se trata de revertir la mente, liberarla de *samskaras* (y karma), purificarla al máximo y sobrepasar la consciencia ordinaria, se hacen imprescindibles *pratyahara*, *dharana* y *dhyana*, como esos insoslayables peldaños para acceder al *samadhi* y a la silenciosa y espiritualmente muy elocuente Mansión del Silencio, que a todos nos espera, pero que muy pocos penetran.

1. En busca de la inteligencia primordial

Antes de seguir avanzando, para alcanzar esa ambiciosa meta que es el *samadhi* y que examinaremos con la mayor profundidad en esta obra, conviene que recapitulemos, con cierto detenimiento, sobre el objetivo y los medios que nos brinda Patañjali, ya que todo se inscribe en una estrategia para el desarrollo espiritual, a sabiendas de que es una experiencia irreductible al concepto. Pese a que, al menos por contraste, puede suponerse o ensoñarse lo que representa, es un estado de supraconsciencia que aparece como una constante en la historia del yoga, como una especial recompensa a tantos esfuerzos, una práctica firme, un desapego y un ánimo inquebrantables. Asimismo, nos jugamos mucho, nada menos que nuestra libertad interior.

Puedo referir como anécdota que, así como en la actualidad la mayoría de los practicantes de yoga no tienen la menor idea de lo que es el *samadhi* e incluso nunca han escuchado el término, en mi juventud aquellos que nos acercábamos a esta misteriosa disciplina teníamos un enorme interés por saber acerca de ese especial estado de consciencia que está más allá de la consciencia ordinaria y de toda indagación. El esfuerzo e incluso sacrificio que debíamos iniciar nos parecían poco si así podíamos descubrir de qué se trataba ese estado tan especial al que ni siquiera mencionaban los estudios escolares oficiales. Lo poco que sabíamos era que al parecer había personas tenidas por liberadas vivientes, a las que se denominaba *jivanmuktas*, y no dejábamos de aspirar a convertirnos en una de ellas o las teníamos como una aspiración y como una inapagable llama de motivación y consuelo. Apuntábamos hacia el *samadhi*, aun admitiendo que no pudiéramos alcanzarlo, como el alpinista que ensueña con la conquista del Everest, incluso si nunca la alcanza.

Patañjali no nos ofrece cualquier estado superior de consciencia, sino que señala al más elevado, que es el *samadhi* definitivo. Aunque muy parco en sus exposiciones, ofrece pautas de orientación que son ayudas innegables en el sendero, porque nos aconseja lo que hay que adoptar y lo que hay que rechazar. En este orden, estos *Aforismos* tienen algo de un Catón espiritual, donde el *samadhi* no se considera, como en el budismo, un estado mental de pura absorción, sino mucho más: uno de total transformación y liberación.

Esta senda propuesta por Patañjali puede ser seguida por personas de todas las doctrinas, sea el samkhya, el vedanta, el shaivismo de Cachemira, cualquier otra… o ninguna. No han faltado vedantines puros que han puesto en tela de juicio los aforismos o su carácter liberador, pero nadie libre de prejuicios vedantines puede dudar de que los *Yoga Sutras* son mucho más prácticos y orientativos que algunas disquisiciones vedánticas o, dicho de otra manera: que muestran métodos prácticos y altamente experimentados para no perderse en acrobacias metafísicas.

Patañjali no puede ser más claro y directo al definir el yoga como la inhibición de los procesos mentales; o sea, la dispersión y, por lo tanto, la supresión de las fluctuaciones de la mente. ¿Por qué? Porque de ese modo el que percibe se establece en su propia naturaleza (el Sí-mismo) y la persona deja de estar identificada y aturdida con las modificaciones mentales, esos torbellinos llamados *vrittis*, que pueden causar interpretaciones erróneas y añadir ignorancia a la ignorancia. Para lograr la importante inhibición de los torbellinos sin identificarse con ellos y poder instalarse en la propia identidad o en la real naturaleza, son imprescindibles la práctica asidua y el esfuerzo bien mantenido, para, en lo posible, dominar la mente, ejerciendo también el desapego o la renuncia a dejarse atrapar por los placeres sensoriales y mentales.

Si uno se apoya en los peldaños que propone Patañjali, se va aproximando al *samadhi*, pese a que se requiere confianza, energía, discernimiento, motivación intensa e incluso, si uno es creyente, el pensamiento y la entrega a Ishvara (el Divino). De este modo, se van venciendo los obstáculos, que no son pocos, entre otros: enfermedad, indolencia, duda, desmotivación, pereza, apego, ignorancia de la mente, dispersión, angustia, depresión, agitación y respiración incorrecta.

Sin embargo, los obstáculos pueden ser neutralizados, no solo cumpliendo con los peldaños que propone Patañjali, sino también ejerciendo la amistad, la amabilidad, el contento, la ecuanimidad y el control respiratorio, así como la meditación, que es de gran ayuda. Paulatinamente, se obtiene la claridad del discernimiento para desarrollar la percepción clara de lo que es, más allá de lo ilusorio, superando las dualidades y recurriendo al insoslayable esfuerzo para conseguir poco a poco que el observador deje de ser lo observado y adquiera su plena libertad, pudiendo aprehenderse la realidad. Así, mediante la práctica del *pratyahara*, el *dharana* y el *dhyana*, se eliminan los impulsos subliminales que recrean la ignorancia y la ilusión cósmica, además de los condicionamientos kármicos para los creyentes del karma. Al tornarse la mente *sáttvica* (pura), las impregnaciones subconscientes pierden poder y en la vacuidad de la mente se puede escuchar la voz del Sí-mismo o *purusha*, del que surge así un tipo especial de conocimiento liberador.

Hay que apuntar a la mente para sanearla, dirigirla, subyugarla y controlarla, pues en la mente es donde se representa el mundo. El juego de *maya* se celebra en ese escenario, y es allí donde se debe tratar de servirse del discernimiento para poner orden. Si el pensamiento descontrolado es el ladrón de la paz interior y el que intoxica, aturde, atolondra y desvía de su objetivo luminoso al individuo, allí habrá que ejercer un sabio y adecuado control para someter los torbellinos mentales. ¿Y por qué digo sabio y adecuado? Porque no se trata de un control, rígido y coercitivo, que diseca y asesina la intuición, sino de un control consciente y no represivo en el que se combinan el hecho de controlar y de soltar, tal como hace un buen arquero que tensa el arco (control) y luego lo suelta (dejar ir). En ese sentido, quiero contar esta magnífica historia.

Varios discípulos están desfilando ante el mentor para que les instruya. Al primero de ellos el mentor le dice:
–Tú, control.
Al segundo:
–Tú, control.
Al tercero:
–Tú, control.
Al cuarto:
–Tú, descontrol.

Ya que el último controlaba ciega y compulsivamente, y se pasaba al otro lado, pues hasta el control debe ser consciente y equilibrado. Recuerdo que, en una ocasión, paseando por una pagoda de Birmania, vi a un monje que estaba impartiendo una clase de Dharma a varios devotos, y en una pizarra escribía: «Incluso hay que superar el apego al nirvana». Asimismo, un *sadhu* me dijo una vez en la India: «Hay que liberarse hasta del apego al desapego».

Se trata de un control o dominio sobre la mente que no debe ser sofocante ni mucho menos represivo, como a veces parece considerarlo Krishnamurti. Se puede aprender a dirigir la mente sin mutilar su riqueza y frescura, pero no es bueno para el yogui ser víctima de su mente y ser como una hoja a merced de ese vendaval. Hay que aprovechar el empuje de la mente como el buen practicante de judo aprovecha el de su adversario para derribarlo. Es hacer sin hacer, o hacer sin represión, pero con contundencia.

Esfuerzo, desapego e insistencia en la práctica, ya que Patañjali no engaña a nadie. Hay que aplicar sabiamente la energía y conseguir que la mente que limita se abra como un pimpollo y ofrezca lo mejor de sí misma. Por eso, de la mente (*mani*) hay que pasar a la no-mente (*unmani*), porque una te ofrece unas cosas, y la otra, otras. Se puede ir en automóvil hasta el borde del océano, pero luego hay que cambiar de vehículo. La mente ordinaria tiene unas capacidades, en tanto que la mente-no-mente te ofrece otras. Pese a que nuestra cultura solo quiere una mente agitada y voraz, que no deja de hacer y producir, sin enseñar las posibilidades de la no-mente. Como digo a mis alumnos en la clase de meditación: «Hay un tiempo para pensar y otro para no pensar». Si supiéramos no pensar, la salud mental sería más sólida, pero el pensamiento incontrolado, repetitivo y obsesivo —el pensamiento circular— malgasta energías y neurotiza, sobre todo cuando es un pensamiento teñido de negatividad, agitación, fantasías nocivas y estrés. También les digo: «Cuando hay que pensar, se piensa; cuando hay que vivir, se vive». Aunque a menudo el pensamiento usurpa el lugar de la realidad y se vive en la idea y no en el hecho, o en la descripción y no en el evento.

La diferencia entre el simple conocimiento y la Sabiduría debe ser clara. El conocimiento puede ser incorrecto debido a una mala información o a unas deducciones o inducciones erróneas o a un falso testimonio, o bien puede ser correcto, pero en este caso, como se basa en la lógica ordinaria y en los pares de opuestos, el juicio (*buddhi*) común es insuficiente fuera de su terreno y del desarrollo intelectual. Tiene muchas limitaciones y sobre todo no es transformador ni ayuda en el desarrollo de un orden superior, ni siquiera implica a la totalidad de la persona, pues la divide, ya que es dado a perderse en conceptos, rótulos y etiquetas. Tiene su lugar y su papel cuando es acertado, pero es limitado y dado a precipitarse en puntos de vista estrechos. El conocimiento ordinario se mueve en base a datos, información, ideas y experiencias, se fundamenta en el tiempo y el espacio, el apego y el odio, así como en el ego, que todo lo distorsiona. Nos lo pasamos los unos a otros como una moneda falsa que quisiéramos quitarnos de encima, pues es un conocimiento para lo mundano que a menudo se extravía en los engañosos o ilusorios datos y apegos sensoriales y se pierde en lo accesorio, trivial y superficial.

Sin embargo, la Sabiduría es intransferible y transformadora, pues arroja luz existencial y libera de autoengaños. Si el conocimiento no es fiable, la Sabiduría es un tipo especial de percepción y cognición, por eso, si tienes un «golpe de sabiduría», hay un cambio real en ti mismo, ya que hay otra manera de ver y sentir, otro modo de comportarse y reaccionar.

Si uno se introduce en una armadura, se percata de hasta qué punto, en lugar de ser protegido, es aprisionado y pierde casi toda la capacidad de movimiento. Todos estamos dentro de una rígida armadura que nos constriñe, porque viene consolidada por viejos patrones, estrechos puntos de vista, *samskaras* y *vasanas* muy persistentes, un ego cruel, la identificación con las vestimentas, el aferrarse a la individualidad y a la compulsiva necesidad de afirmar la falsa personalidad en detrimento de la manifestación del ser. De todo ello, podemos deducir que hay que aprender a servirse de un juicio correcto, aprender a pensar y a dejar de pensar; a utilizar el pensamiento y no permitir que nos utilice; a ponerlo en su justo lugar, colocando el énfasis en los pensamientos constructivos, no destructivos; a no tolerar que el pensamiento alimente y retroalimente las tendencias nocivas, asumiendo los límite del pensamiento ordinario para no dejar que las ideaciones sean interferencias y asesinen la viveza del momento; a no creer en la omnipotencia del pensamiento y en clarificar el intelecto para que se convierta en una herramienta positiva, no en un impedimento. Pensar y no ser pensado.

Purificar el *buddhi* o juicio es muy importante para el yogui, que quiere ir más allá de las apariencias y captar la quintaesencia que se esconde tras los fenómenos de esa envolvente y manipuladora *maya*, que se oculta para ponernos difícil el penetrar más allá de sus innumerables velos, pues *buddhi* puede llegar a ser el espejo perfecto que refleje al Sí-mismo. No puede poseerlo, pero sí reflejarlo, ya que esta es la más alta función de *buddhi*, la del reconocimiento, pero para ello tiene que estar totalmente purificado, sin mácula, *sáttvico* (puro), pues de otra forma distorsiona y se equivoca.

En ese proceso de purificación tiene un papel destacado el *pratyahara* y, por supuesto, el *dharana* y el *dhyana,* pues como un fabuloso afinador, el yogui va afinando su mente, tanto la periférica como la más profunda y rica, tratando de liberarla de las tendencias nocivas más enraizadas, que se deben tratar de desarraigar mediante las técnicas de introspección que le vayan llevando a la cima de la consciencia. Se trata de un arduo trabajo de autoconocimiento, unificación mental, autoexploración, desautomatización y revolución de la mente.

Este proceso exige todo aquello que ayude en esa dirección (incluso la instrumentalización mística de Ishvara), y a las técnicas de Patañjali se irán sumando otras en décadas sucesivas, así como otras modalidades yóguicas o sendas (*jñana-marga, bhakti-marga* y *karma-marga,* entre otras) y un creciente número de instrucciones y métodos para la transformación interior y la conquista de la verdadera libertad.

No cabe la menor duda de que dentro del amplísimo territorio del yoga hay mucha heterogeneidad y que incluso las desavenencias han surgido desde hace tiempo entre unas y otras corrientes o escuelas, así como en los ideales yóguicos, siendo el más esencial e insobornable el de la liberación mental. Esa gran diversidad, que se muestra en los textos antiguos a través de la metáfora, el lenguaje críptico e intencional y muchas veces la superstición y la magia, ha originado confusión entre los seguidores y practicantes de yoga, incrementada aún más por las corrientes tántricas y las del yoga moderno, que se basa solo en las posturas y rinde un desmesurado y narcisista culto al cuerpo.

Sin embargo, una constante del yoga ha sido hallar una auténtica paz interior, claridad mental, nobleza de corazón y sabiduría liberadora. Esa intención se mantiene entre quienes viven el yoga desde dentro, incluso en núcleos urbanos, y aun sabiendo que no van a convertirse en yoguis definitivos, pero sí en serios practicantes.

Hay un viaje que todo buscador de cumbres espirituales se ve obligado a realizar, al que denomino el viaje de la infracons-ciencia a la supraconsciencia, de lo más burdo a lo más sutil o etéreo, de lo infinitesimal a lo infinito, de la Shakti a Shiva, de la *prakriti* (naturaleza) al *purusha* (entidad espiritual). Hay que comenzar por asumir el laberinto de los apegos, los odios, las pasiones, las grandes contradicciones y los conflictos, los miedos más viscerales (como el de la muerte), la ignorancia y toda la carga tanto de la especie como de la propia historia personal. Todo esto se sitúa en ese cajón de sastre, en ese sóta-no lleno de desordenados cachivaches que es el subconsciente, oscuro e insospechado.

En ese enigmático plano de la mente, acumulamos toda suerte de impregnaciones o latencias que crean tendencias, impulsos y compulsiones. Allí se genera una red apabullante de impresiones inconscientes, que condicionan a la persona, la llegan a esclavizar y le roban toda su libertad. Unas impre-siones o latencias generan otras, cada vez que reaccionamos a ellas, como clavos que emergen y que remachamos con nuestra reactividad. En ese submundo, se origina un juego de fuerzas automáticas e incontroladas, donde también se dan los mecanismos de conservación de la vida. El yogui trata de ir agotando el impulso de los *samskaras* o tendencias nocivas, que tanto le dañan a sí mismo y a otras criaturas. Es una labor ardua, pero la única manera de lograr el inconfundible y enriquecedor sabor de la auténtica libertad interior, donde uno deja de ser una simple marioneta de fuerzas ocultas e incontroladas, aunque también hay fuerzas integradoras y sanas a las que es necesario potenciar. En ese caos de fragmentación, luces y sombras, el yogui interviene para eliminar el pus, quitar la represión y liberar los potenciales de crecimiento interior y autorrealización.

Un gran psicoterapeuta occidental, sabio y humilde, declaró con valentía que «la psicología de Occidente está en pañales al lado de la de Oriente». Muchos siglos antes de que siquiera se sospechara el inconsciente en Occidente, ya lo habían descubierto los yoguis, pero no lo habían hecho investigando en mentes ajenas, sino en la propia. Las técnicas de introspección no se detienen en las capas superficiales de la mente, sino que calan hasta lo más profundo, por eso vale la pena destacar las obras de la psicoanalista y yogui Maryse Choisy y, por supuesto, el fecundo libro sobre la consciencia de la doctora Teresa Brosse, quien investigó a yoguis en la India. Asimismo, los estudios del doctor Filliozat y los del doctor Roger Godel, pues entre el subconsciente y la consciencia hay una franja que podemos denominar preconsciencia, por donde se filtra mucho material que irá a dar a la consciencia. El yogui trata de estar muy atento y vigilante para poder capturar ese material que trasciende de la subconsciencia a la consciencia a través de la preconsciencia, ya sea mediante ideas, destellos psicomentales, estados de ánimo o emociones. Cuando el material nocivo no se observa, la consciencia puede convertirse en nuevos *vasanas* y *samskaras*; es decir, más fango para el subconsciente realimentado por una reactividad mecánica y ciega. El preconsciente es una franja mental importante, en apariencia un terreno de nadie, pero que tiene gran importancia, porque allí podemos «cazar» reacciones que alimentan las tendencias nocivas. Pongamos un ejemplo para verlo más claro: se manifiesta en el preconsciente una emoción nociva (odio, celos, rabia, envidia, la que fuere) y, si no es concienciada y debilitada, puede fortalecerse e intensificarse hasta turbar y oscurecer la consciencia.

El término supraconsciencia se ha utilizado en el yoga y en diferentes ámbitos de las técnicas orientales de autorrealización desde hace décadas. Sin embargo, hay personas que parece como si ahora hubieran creado ellas mismas esa terminología. Se ha utilizado también la denominación: mente supramundana, cuando desde hace años, en muchas de mis obras vengo hablando de la consciencia más allá de la consciencia. Es otro tipo de mente o de consciencia y podemos decir algunas cosas que nos sirvan de ejemplo de qué se trata, pero la verdad es que se siente o no se siente. Como opera más allá de lo puramente conceptual es muy difícil servirse de conceptos para adentrarse en la misma. Erich Fromm hizo una notable diferencia entre la lógica y lo que dio en llamar la lógica paradójica, esta última muy cultivada y ponderada por el budismo zen, que emplea el koan para desmontar la mente encasillada y dar un salto para lograr un tipo más amplio y penetrante de comprensión.

Si llamas azúcar a la sal o al revés, el azúcar seguirá sabiendo dulce, porque las palabras son artificios inevitables, pero necesarios, que cargamos de ideas e incluso de emociones. Sin embargo, hay niveles de consciencia más allá de la consciencia habitual y ordinaria. Eso no quiere decir que a esa consciencia más intensa haya que darle un carácter de trascendencia y permanencia tras la muerte del cerebro. Unos lo harán y otros no, pero el plano superior, como sea que le denominemos, está ahí, en la mayoría de las personas a la espera de ser actualizado.

Del mismo modo que escuché a un mentor en la India decir: «En el límite del esfuerzo, aparece el esfuerzo sin esfuerzo», también escuché a otros decir que en el límite de la consciencia ordinaria surge otro tipo de consciencia más evolucionada, perceptiva, intuitiva y que abre una vía hacia la inteligencia primordial.

Como cualquier maestro que se tenga honestamente por tal, Patañjali quiere conducir a sus discípulos a ese espacio de claridad que él ha percibido más allá de lo ilusorio, o sea, de este *samsara* que nos engulle de tal manera que nos entregamos a lo aparente y perdemos de vista lo real.

El salto del ego al Sí-mismo, de lo ilusorio a lo esencial, de lo aparente a la última realidad es el de un verdadero gigante, y es en el espíritu donde se requiere esa voluntad férrea que no nos asiste a todos. De hecho, la austeridad o *tapasya* tiene por objeto activar fuerzas dentro de uno y acumularlas para poder canalizarlas hacia el objetivo supremo, que no es otro que el *samadhi*.

2. Del *dharana* al *dhyana*

El *dharana*, como ya dijimos en el volumen anterior, es la fijación de la mente en un objeto o soporte, con absoluta exclusión de todo lo demás. Hay muchos grados de concentración, desde el más leve al más intenso, desde el incipiente al profundo. Todo depende del tiempo dedicado a la práctica para poder desconectarse de los órganos sensoriales, interiorizarse y poner toda la mente en el objeto de la concentración, para ir abstrayéndose y que el contenido mental quede silenciado y absorto.

La concentración es la unificación de la mente, que es todo lo contrario a la dispersión mental, es una penetrante unidireccionalidad (*ekagrata*), mediante la que la mente se aparta de todo, excepto del soporte concentrativo. De ese modo, hay una ruptura del nivel común de consciencia, se inhiben los pensamientos, así como los deseos y aversiones, el pasado y el futuro, el tiempo y el espacio, y se desencadena un tipo diferente de percepción, autopercepción y cognición.

¿Dónde se encuentra la línea divisoria, la frontera, entre *dharana* y *dhyana*? Hasta ahora solo he conseguido obtener respuestas bastante vagas e indefinidas, como si una vez más se tuviera la certeza de que lo único dentro de lo incierto es experimentar por sí mismo para saber y transformarse. Puesto que, de acuerdo con el discurso espiritual, si uno sabe y no se transforma, es obvio que no sabe, aunque haya leído todos los textos de este mundo. Pero ¿por qué la línea divisoria entre *dharana* y *dhyana* es tan indefinida? La causa es que *dharana* lleva a *dhyana* e incluso podríamos decir que donde aquel acaba comienza este, lo cual no deja de ser también bastante indefinido. Por todo esto, tenemos que convencernos de que para saber más de *pratyahara*, *dharana* y *dhyana* hay que practicar y no digamos nada para saber de *samadhi*. En este sentido, los budistas han sido más minuciosos en la explicación de los distintos niveles o estadios de consciencia, a los que han denominado *jhanas,* a los que dedicamos un apéndice en esta obra. Para los budistas, *samadhi* es absorción o abstracción mental plena, pero para el yoga hindú el *samadhi* es una experiencia liberadora.

Siempre se ha dicho que «el traductor es el traidor», pero es que la encomiable labor de un traductor es muy compleja y ya resulta muy complicado traducir los términos *dharana* y *dhyana*, que tal vez no sean exactamente: concentración y meditación, aunque lo sean por conveniencia. Un mentor que tuve hace muchos años me dijo: «Disocie por completo el término *dhyana* del de meditación, y tómelo como atención y ecuanimidad, alerta y sosiego, percepción clara y penetrativa». El mismo término *meditación* induce muchas veces a error a los que nada saben del tema, pues se puede tomar por reflexión, análisis, interpretación o contemplación, cuando, de acuerdo con el enfoque de muchas tradiciones orientales, meditación es lo contrario de idear, pensar y conceptualizar. Hay quien, desde el enfoque occidental de siglos, puede decir «estoy meditativo» dando a entender que está pensativo o reflexivo, pero no es así desde el enfoque oriental, que puede entenderse más como «estoy muy atento, pero sin interpretaciones ni pensamientos» o «estoy muy introvertido y abstraído, sin pensamientos». No quiere decir que no se valore, y mucho, el recto pensar o pensamiento consciente y bien utilizado.

En numerosas ocasiones entrevisté a dos monjes de Rishikesh muy doctos y considerados: Swami Chidananda y el Swami Krishnananda. Ambos me propusieron un ejemplo sobre *dharana* y *dhyana*. Para ello, recurriendo al símil, el primero era como «una gota» y el segundo como «una gota fluyendo». Swami Krishnananda me insistió en que al comienzo de la meditación intervienen por su propia dinámica pensamientos y emociones, y luego esto se va depurando con la práctica. El caso es que, con el transcurso del tiempo, se fueron incorporando numerosas técnicas meditativas, lo que enriqueció mucho el caudal de métodos yóguicos. Fue otro *swami* quien me dijo: «Tú practica meditación y ya irás pasando del *dharana* al *dhyana* de manera natural». Aquello de que «nadie puede empujar el río», aunque sí podemos hacerlo con la práctica asidua. Son distintas fases, como en el ejemplo simplista de que es como cuando se conduce un automóvil y se pasa de una a otra marcha. Hay muchos grados de ensimismamiento o abstracción que se van consiguiendo. Cuando *dhyana* es estable, se dice que se unifican el meditador, el objeto de la meditación y el proceso, pero también se explica que el espectador deja de ser el espectáculo y el sí-mismo se retira de los procesos psicofísicos: la separación entre *prakriti* y *purusha*.

El célebre lama Akong Rinpoche vino a darnos una conferencia a Shadak. Se habló de meditación y, obviamente, cuando alguien le preguntó por qué había distintas técnicas meditativas, repuso: «Del mismo modo que si uno va a comprarse un vestido o un traje necesita que se adapte a su talla, así unas meditaciones son más apropiadas para unas personas y otras para otras, pues hay que encontrar la propia talla».

A mis alumnos les digo desde hace más de medio siglo: «En las clases, haced todas las técnicas que os voy mostrando, ya que, por un lado, se abre la mente como si se tratara de una magnífica gimnasia cerebral y, por otro, os permite tantear y comprobar cuáles van a ser vuestras técnicas esenciales, para practicarlas en casa, no porque sean más fáciles, sino porque sentís que son las que más os ayudan y modifican».

En cualquier caso, se llega a silenciar la mente, acallando al lorito parlanchín que hay dentro y cuando se sosiega el pensamiento, con mente alerta y ecuánime, llega la serenidad. Al respecto, hay una historia zen muy significativa:

Un discípulo acude a visitar a su maestro y le ruega:
–Por favor, maestro, calma mi atormentada mente.

El mentor le dice:

–Extiende tu mente ante mí y la calmaré.

El discípulo replica:

–Es que cuanto más la busco, menos la encuentro.

Y el maestro dice:

–¿Lo ves? Ya la he calmado.

Todas las técnicas de meditación tienden a otorgarle a la mente atención, sosiego, ecuanimidad, lucidez, entre otros factores de autorrealización.

En Occidente, se le ha dado un carácter de prepotencia al pensamiento y es cierto que saber pensar es un logro y hay que manejar muy bien el análisis mental para la vida de cada día, la filosofía ordinaria, la ciencia y otros saberes, pero el pensamiento es solo una parte, que en algunos terrenos es muy limitada. *Dhyana* trata de conducirnos más allá del pensamiento ordinario, de la mente dual y egocéntrica, de las cadenas de una lógica asfixiante, de los condicionantes pares de opuestos que impiden una percepción más penetrante e intuitiva.

Cuando el pensamiento mecánico se inhibe, surge otro tipo de percepción y autopercepción. En cambio, cuando el pensamiento se canaliza, no dispersa su fuerza y logra la energía necesaria para trascenderlo y hallar lo que puede percibirse en su raíz o fuente. Son inspiradoras las palabras de Nisargadatta, que dicen:

En el ahora, tú eres a la vez lo que se mueve y lo inmóvil. Hasta ahora has pensado que tú eras lo que se movía y te has olvidado de lo que no se mueve. Da un giro radical a tu espíritu. No tengas en cuenta lo que se mueve y te verás como la realidad inmutable y siempre presente, pero sólida como una roca.

Para llegar a la quintaesencia, no son suficientes los medios ordinarios de conocimiento, por eso *Dhyana* trata de brindarnos otros que nos sitúan más allá del flujo habitual de los pensamientos, donde uno percibe lo que estos no permitían percibir, del mismo modo que la película que se proyecta sobre la pantalla no deja que la veamos. Siempre estamos en el río de la mente (los pensamientos), pero no en su fuente, siempre nos identificamos con lo observado, pero no con el observador desidentificado. Siempre estamos en lo irracional o racional, pero no en lo suprarracional, y en lo ilusorio, pero no más allá, pues se requiere una percepción yóguica que no se deja turbar ni perturbar por los automatismos psicomentales y que puede reportar esa que Patañjali denomina visión pura y Buda, *vipassana* o visión clara y penetrativa.

El vacío mental reporta un tipo de experiencia que se nos escapa, pues estamos tan pendientes de la película (*maya*) que ignoramos la pantalla, y tanto en el pensamiento que damos la espalda a lo que está o vibra más allá. Sin embargo, las técnicas de *dhyana* tratan de unificar la mente de tal manera que puede adentrarse en lo que la mente habitual no puede. De lo burdo a lo sutil y de lo sutil a lo ultrasutil, mediante la disolución y durante el ejercicio del pensamiento ordinario, se consigue ese vacío que en el yoga se llama *laya* o punto de absoluta quietud. Lo vacuo está más lleno que lo más pleno y lo silencioso es más elocuente que lo sonoro, pues a la mente ruidosa y egocéntrica, atenazada por el apego y el odio, se le vela el Uno-sin-dos, que es servidumbre y, por supuesto, sufrimiento. Desde esa mente tan limitada y condicionada, no se puede captar lo que Patañjali y otros sabios denominan lo inmutable. Es decir, una última realidad que, pese a la pobreza de las palabras, puede tratar de definirse de muy diferentes maneras: Ishvara, Brahman, Mahapurusha, la Madre, Shunya o como quiera que sea. Recuerdo las palabras de un yogui que entrevisté y cuyo testimonio recogí en mi relato iniciático, *El faquir*. Las traigo a colación por lo sugerentes e inspiradoras que resultan en esa búsqueda del Sentido y la última realidad:

He aquí que lo Incondicionado, por su naturaleza, en un momento dado se manifestó. Entonces, proyecta sus reflejos por doquier. Su energía toma cuerpo y mente y configura los denominados seres humanos y los animales. Al tomar cuerpo y mente esa energía, la consciencia brota al instante. Surge la consciencia de ser, que nos permite saber que existimos, pero esa consciencia por efecto de la *maya* (lo ilusorio o aparente) genera las ideas de «soy esto o aquello», y ahí comienza la esclavitud, la codicia y el odio. Nos identificamos con el cuerpo, la mente, el nombre, la imagen, los proyectos... Perdemos de vista nuestra auténtica identidad. Pero esa consciencia es tan ilusoria como todo lo demás, aunque si la desarrollamos, en especial la consciencia de ser, hallaremos un canal hacia lo Incondicionado. Así pues, la consciencia de ser, aunque igualmente ilusoria, es la llave para abrir la puerta. Pero en última instancia, no hay ni puerta, ni llave, ni consciencia... Hay lo que nunca dejó de existir, que es lo que es. Pero si uno sigue viviendo en sus ropajes (cuerpo, mente, códigos, modelos y condicionamientos, jamás recobrará su verdadera naturaleza.

Patañjali recoge conjeturas que ya vivieron hace miles de años antes otros buscadores de lo Incondicionado y que han sido una constante en las enseñanzas espirituales de Oriente. Todas cultivan ese sentimiento de que, con el entrenamiento y el desarrollo de la mente, puede hallarse «aquello» que la mente ordinaria es incapaz de percibir. El *pratyahara*, el *dharana* y el *dhyana* van construyendo un tipo de mente (y, por tanto, de percepción y cognición) que puede ver lo vedado y oculto a la mente común.

3. Técnicas de *dhyana*

Recogemos en este capítulo un buen número de técnicas de *dhyana* no solo las recopiladas por Patañjali, sino también las que forman parte del núcleo de la tradición del yoga, que han sido concebidas y ensayadas *ad infinitum* desde hace siglos, formando parte esencial del cultivo mental y de las vías de introspección.

Instrucciones

Estas instrucciones son de considerable ayuda, pero hay técnicas que no las requieren porque pueden ser ejecutadas en cualquier momento, lugar o circunstancia.

- Adoptar una postura estable, que permita ir consiguiendo la máxima inmovilidad. Puede ser sentarse en el suelo o en una silla. Cuando inevitablemente haya que moverse, debe hacerse con consciencia y lentitud.
- Evitar ser perturbado durante la sesión y, en lo posible, estar en un lugar silencioso.

- Una vez seleccionada la técnica, se ejecuta al menos durante diez o quince minutos.
- Cada vez que uno comprueba que la mente se distrae, se debe retrotraerla al soporte del ejercicio con firmeza y paciencia.
- Ir absorbiendo la mente más y más, todo lo posible, en el objeto de la meditación.
- Respetar el espacio tiempo que se fija para la sesión de meditación.

Técnicas y métodos

Atender al curso de la respiración

La respiración ha sido utilizada en innumerables tradiciones espirituales para concentrarse, calmar la mente, recogerla e incluso en la tradición cristiana se han servido de ella los monjes para aplicarla a la oración, igual que determinadas posturas sentadas.

Al estar tan relacionada la respiración con la mente, el ánimo y el cuerpo, es una herramienta de primera importancia para hacer introspección, sosegar y ensimismar la consciencia, liberándola de ideaciones y previniendo su dispersión y externalización.

Con una respiración natural, preferiblemente nasal y un poco más lenta, si es posible, se trata de retirar la mente de todo para fijarla en el movimiento de inhalación y exhalación, evitando cualquier distracción y corrigiendo si se produce.

Atender al punto de encuentro entre la inhalación y la exhalación

La mente ha de permanecer bien atenta al movimiento de la respiración, como en el ejercicio anterior, pero ahora intensificando la atención para tratar de captar el fugaz momento en el que la inhalación se funde con la exhalación y la exhalación con la inhalación, evitando pensar. Tan importante es este punto que hay yoguis que lo consideran una «bisagra sagrada» o un «ojo de buey al infinito», pues el pensamiento cesa y es una ocasión propicia para sentirse y ser, disfrutando del silencio y la introspección de la mente. Si de manera natural y espontánea la pausa se alarga, se deberá respetar, y esos instantes de introspección y vaciamiento mental se pueden aprovechar para las vivencias de esta experiencia.

Un mentor me explicaba:

Cuando uno va dominando esta técnica, es como si se colapsasen las ideas y uno pudiera viajar a su más honda sensación de ser, sensación de ser libre de ideas, tiempo o espacio, deseo o aversión. Se puede llegar a lo más profundo de esa sensación, como si se convirtiera en el punto central de una circunferencia: la unión del microcosmos con el macrocosmos.

Atender a la sensación provocada por la respiración
en las aletas nasales

Buda le aconsejaba a su hijo Rahula hacer la meditación sobre la respiración porque de ella «deriva mucho provecho». Durante la estación de las lluvias, cuando él y sus monjes se instalaban en un monasterio, decía: «Si os preguntan qué hace el Despierto mientras está guarecido en un monasterio, decidles que se aplica a la meditación sobre la respiración». Un ejercicio muy importante, porque permite una sólida abstracción de la mente, es el que consiste en fijar la atención mental en las aletas de la nariz para estar muy atento al sentir la sensación de la respiración, ya sea en algún lado de la nariz o en la parte alta del labio superior. Hay que ir concentrándose tanto como se pueda en dicha sensación, inhibiendo los pensamientos.

Atención a una exhalación larga y lenta

Después de abstraer la mente en la respiración, poco a poco se va haciendo más largo y lento su curso y va absorbiéndose la atención en esa inhalación y exhalación cada vez más alargada y ralentizada. Es un ejercicio muy eficiente para vaciar la mente de ideas y calmarla en profundidad. Si se persiste, se obtienen grados altos de abstracción.

Atender al ocho de la respiración

Se trata de vivir la respiración como si formase un ocho tumbado. De este modo, uno va siguiendo la recta de la respiración, el giro y la recta que se produce por encima de la otra recta y el otro giro. La mente va siguiendo con mucha atención y abstracción ese ocho tumbado, que paulatinamente va creando una sensación de aquietamiento y absorción.

Atender a dónde llega la inhalación y a dónde llega la exhalación

Hay que estar muy atento para captar con la mayor precisión posible el lugar donde llega la inhalación y el lugar al que llega la exhalación, pero no hay que ubicar el lugar, solo tratar de percibirlo. Los textos dan una medida, pero se supone que es simbólica o metafórica, por eso lo idóneo es trabajar con la percepción atenta y no racional.

Atención a la respiración ascendente

Se toma consciencia de la respiración y se la siente con la inhalación ascendiendo por la parte frontal del cuerpo y con la exhalación descendiendo por la parte posterior, y así la respiración es como una elipse implicando el cuerpo y, según el yoga energético, como un circuito que aborda no solo el cuerpo físico, sino el cuerpo etéreo.

Uno entra y uno sale y se va disolviendo.

Atender a dónde surgen el pensamiento y la emoción

Se requiere estar muy atento e interiorizarse; es decir, pasar de la consciencia periférica a la introspectiva. Se trata de enfocarse allí donde surge cada pensamiento o emoción, sin dejarse tomar por lo observado; es decir, se trata de ser el observador que mira hacia dentro y trata de captar el lugar donde surge cualquier pensamiento o emoción y lo deja pasar sin dejarse sustraer por el proceso psicomental.

Situarse entre el placer y el dolor

Posicionarse mentalmente como un observador constante y atento que permanece inalterado ante cualquier sensación o sentimiento que pueda surgir de agrado o desagrado, placer o dolor. Sin dejarse llevar en una u otra dirección, con indiferencia y máxima ecuanimidad, ante lo que se siente de placentero o displacentero, manteniéndose en el centro, sin preferencias ni rechazos, en un punto equidistante entre uno y otro lado. Se trata de convertirse en ese «observador», que no se deja llevar por las sensaciones o pensamientos que se produzcan y está bien afincado dentro de sí. Como reza un antiguo símil: las nubes vienen y parten, pero no se llevan el cielo tras ellas.

Profundizar la sensación de ser

Inmovilizada la posición, hay que adentrarse en uno mismo, sustrayéndose a la dinámica tanto de los órganos sensoriales como del flujo mental para que la mente se vaya silenciando y abstrayendo, conectando e intensificando la sensación de ser. Esa presencia «soy», pero sin personalizarla ni conceptualizarla, sino como una sensación en la que ir profundizando en ausencia de todo lo demás. Es decir, quedar absorto por completo en la sensación pura y desnuda de ser, tratando de retomarla cada vez que se pierda.

Ver todo lo que surja como si careciera de sustancia
Desde la posición de observador, uno contempla todo lo que va surgiendo en uno (o incluso fuera) como insustancial, como fenómenos vacíos que aparecen y se desvanecen. Uno va viviendo esa vacuidad, dejando que la mente se vacíe de cualquier pensamiento y reacción, fundiéndose con lo vacuo, para conseguir el estado de *un-mani* o no mente, que es el adecuado para una percepción muy diferente a la habitual y transformativa, pudiendo aprehender lo que muchas veces pasa desapercibido para la *mani* o la mente ordinaria.

Ver como efímero lo sensorial
Se conecta la mente con los distintos órganos sensoriales y se toma consciencia de los estímulos que envían, pero se los considera efímeros y vacuos. Tratando de conducir la mente hacia lo más hondo de uno mismo, desconectando de la actividad sensorial y dejándola en suspenso en el origen del pensamiento o fuente de la mente.

Expandirse e introvertirse
Una vez adoptada e inmovilizada la posición, se trata de introvertirse al máximo con la inhalación, cayendo en lo más abisal de uno mismo, para expandirse ilimitadamente con la exhalación, cultivando este sentimiento de expansión e introspección, apoyándose en la respiración y evitando racionalizaciones.

Visualización de la luz

La luz ha sido muy utilizada en determinadas corrientes del yoga como soporte de abstracción e inhibición de las asociaciones mentales y hay diferentes ejercicios para esto. Se ha trabajado sobre todo con la luz blanca y pura, pero también con la dorada y la violeta. Recogemos aquí tres ejercicios:

1. Se deja que la mente se absorba en una nube de luz blanca y pura que disuelve los pensamientos y que, cada vez que uno surge, lo elimina. Al extasiarse en la luz blanca, el yogui se libera de ideaciones y va consiguiendo estados de abstracción mental.

2. Se visualiza que un punto de agradable y sosegadora luz dorada surge en el entrecejo y comienza lentamente a expandirse en todas las direcciones hasta conformar un océano de una luz dorada del que uno forma parte con un sentimiento de unidad y plenitud, más allá de toda separación.

3. Se visualiza un océano de radiante luz blanca alrededor del corazón, dejándose abstraer en esa sensación de plenitud, en la que los pensamientos, si surgen, van y vienen sin ningún poder.

El vacío ante los *om*

La mente se fija en lo Absoluto (entiéndase como el todo, el vacío, el alma cósmica, el cosmos o como quiera que sea) y se recita lentamente el mantra *om*, dejando un pequeño espacio de silencio cada vez que se pronuncia. La mente tiene que absorberse tanto como sea posible en el sonido de la vibración *om*, y en el silencio entre una y otra repetición. Hay que absorber, pues, la mente en la recitación del fonema y el silencio que le sigue, evitando que surjan ideas o pensamientos.

Cavidad central del cerebro

Ese ejercicio es muy peculiar y antiguo. Se trata de interiorizarse y sentir como si uno se desplazara y estableciera en la concavidad central del cerebro; es decir, muy atrás del entrecejo o los ojos, creando un sentimiento de introspección y abstracción, ajeno a cualquier pensamiento o desviación mental.

Absorberse en lo deleitoso

La mente tiende a estabilizarse en lo que resulta placentero o deleitoso, y esta técnica consiste en conseguirlo, para permanecer en esa sensación agradable, pero sin ideas y sin apego, solo absorbiéndose más y más en la sensación de placidez. Se utiliza la propia sensación de placidez, libre de ideaciones, para lograr estados mentales elevados. Para esto, se puede optar por cualquier sensación deleitosa o bienestar físico o interior, pero los objetos que se seleccionen a tal fin es mejor que no generen apego ni ideas. En este sentido, son idóneos los elementos de la naturaleza o cuando se tiene la sensación de que se está bien o en paz, tratando de absorberse tanto como sea posible, consiguiendo que las modificaciones mentales cesen. De tal manera, se absorbe uno tanto en la sensación grata que se produce un hondo estado de ensimismamiento. Los tántricos de mano izquierda aprovechaban el éxtasis sexual como un medio para obtener el éxtasis místico, fundiéndose con el cosmos o con el Sí-mismo.

Visualización de vacío dentro y fuera de uno
Se trata de visualizar el vacío dentro y fuera de uno mismo, lo informe y vacuo, no con razonamientos, sino con la sensación de desnudez dentro del propio cuerpo y fuera del mismo, como si uno se disolviera en el espacio ilimitado, como un océano de vacuidad.

Atención al espacio entre los pensamientos
Se debe estar muy atento a la propia mente para poner énfasis en captar los espacios en blanco entre los pensamientos. Del mismo modo que al hablar hay un intervalo entre palabra y palabra y al escribir un espacio entre un término y otro, al pensar, por muy rápido que los pensamientos surjan, hay espacios o ranuras entre los mismos y se trata de captar alguno de ellos para hallar un hueco o fisura entre las ideas.

Nasagra-drishti y *brahmadya-drishti*
Estas dos técnicas se han utilizado desde antaño en la senda del yoga para conseguir abstraer la mente y sustraerse a los pensamientos. El *nasagra-drishti* consiste en fijar la mirada en la punta de la nariz, con los párpados semientornados, e introvertirse y detener el flujo mental. Por su parte, el *brahmadya-*

drishti radica en dirigir la mirada al entrecejo y tratar de inhibir las fluctuaciones mentales. El ejercicio es más eficiente si no se parpadea a menudo, pero debe evitarse todo esfuerzo.

La mirada en el firmamento

Ya sea extendido en el suelo, en relajación profunda, o sentado en la cima de una colina, o en un lugar que permita contemplar el horizonte, se pierde la mirada en el firmamento, vaciándose de todo contenido psicomental y fundiéndose con el infinito, más allá de las tendencias del ego, cultivando un sentimiento de cosmicidad y plenitud de vacío pleno.

La mirada en el fuego

Se deja absorta la mirada en un fuego u hoguera, parpadeando solo de vez en cuando, y cultivando un estado de ensimismamiento donde la mente por sí sola se va vaciando de todo contenido y abstrayéndose en un grado elevado.

Contemplación de la luz blanca

Primero, con los ojos cerrados, el meditador trata de abstraerse en la visualización de la luz blanca y, una vez que lo haya conseguido, hará el ejercicio con los párpados semientornados o abiertos y tratará de visualizar la luz blanca ante él para absorberse en la misma.

Recitaciones de *bija-mantras* asociados a centros de energía

Un *bija-mantra* es la simiente o quintaesencia del mantra, pues es una vibración que se utiliza para absorción de la mente y puede emplearse asociado a una zona del cuerpo o independente de la misma. Haremos referencia a tres zonas importantes:

1. El plexo solar: se retira la mente de todo y se fija en la boca del estómago, donde se dirige la vibración (recitada mentalmente) del *bija-mantra Ram*.
2. La región cordial: se interioriza la mente en el corazón y se recita el *bija-mantra*.
3. El entrecejo: con la atención interiorizada en el entrecejo, se recita mentalmente el *bija-mantra*.

Dhyana en los cinco elementos de la naturaleza

Se adhiere y se extasía la mente en los cinco elementos de la naturaleza focalizándolos en el cuerpo:

1. Tierra: el cuerpo tosco propiamente dicho, la carne, la materia burda.
2. Agua: la saliva, la sangre, los fluidos, el agua en el organismo.
3. Fuego: la temperatura, los jugos gástricos, el calor del cuerpo.
4. Aire: la respiración, los gases, la vitalidad.
5. Éter: la energía del cuerpo sutil, la fuerza cósmica en el organismo y que alimenta todos los procesos psicofísicos.

Dhyana en Nada

Nada es el sonido, pero no solo el sonido exterior, sino sobre todo el sonido producido por funciones orgánicas y las energías burdas y sutiles. Hay sonidos que produce el cuerpo energético y en los que se concentra y absorbe el yogui. Por la absorción en el *nada* se llega a *laya* o punto de alta abstracción.

En algunas de mis obras he hecho una distinción entre lo que he designado como «los yogas de la mente» y los «yogas de la energía». Estos últimos también son conocidos como yogas tántricos, en los que adquiere un papel fundamental la *Shakti* o energía cósmica, que en el ser humano se individualiza como *prana* o fuerza vital dinámica y *kundalini* o poder estático. Para los yogas tántricos, y de manera muy especial para el Kundalini-Yoga, es esencial la purificación de los *nadis* o conductos energéticos.

También pueden utilizarse como soporte de atención los denominados *kasinas*, que utilizaban con frecuencia los discípulos de Buda para lograr los diversos niveles de absorción mental. Al final de este libro, dedicamos un apéndice al tema.

Buda aprendió muchos métodos de sus dos grandes maestros yoguis, pero para él era posible ir más allá de las más altas abstracciones mentales y conseguir lo que denominó *vipassana* o visión justa y penetrativa, un tema que he abordado en el libro *Las enseñanzas de la meditación vipassana*, de esta misma editorial.

Según los más grandes y antiguos maestros del yoga, no hay duda de que los estados más elevados de consciencia, más allá de la consciencia ordinaria, producen una esencia de información mística y hacen que se modifique la psique del experimentador.

Una vez que la mente se absorbe y se aquieta por completo, se origina una experiencia especial, que cada uno, de acuerdo con sus creencias, puede denominar de una u otra manera. El mismo Krishnamurti, para no comprometerse con ninguna creencia o credo, se refirió a ello como «lo otro» o «lo inmenso». Cuando tal experiencia sucede, el reflejo deja de tomarse como la realidad y se toma como lo que es, aunque resulte engañoso. El ego se posterga y surge un tipo de experiencia que no es reducible a las palabras, del mismo modo que, como dicen los maestros zen muy acertadamente, «los dedos que apuntan a la luna no son la luna».

Las técnicas de introspección y abstracción tienen por objeto básico inhibir los pensamientos e ir logrando que la mente quede absorta, libre de ideaciones, ensimismada en su propia fuente, para poder ir más allá de la mente común constituida por pensamientos, ideas, recuerdos y, en general, todo tipo de asociaciones de ideas y emociones incontroladas.

Se suprime el flujo de pensamientos y, por lo tanto, de interpretaciones y reacciones egocéntricas, tiempo y espacio, apego y odio. Todo esto provoca una insospechada experiencia de ser y *serse*, puesto que las tendencias rajásicas y tamásicas de la mente se tornan *sáttvicas* y se puede conectar con la quintaesencia del soporte meditativo. El *ekagrata* permite una penetración y captación ajena a la mente pensante.

Al ser la mente la esclava de los sentidos, el yogui trata de convertirla en soberana para ir subyugando las fluctuaciones mentales que tanta energía roban, dispersan y fragmentan, frustrando el acceso a la mente silente y quieta, que ofrece un tipo de experiencia y vivencia tan distinta a la de la mente común. Hay un lugar y espacio para la mente común, que es imprescindible para el devenir cotidiano, pero hay una mente quieta y profunda que no nos ofrece sus preciosos frutos si no logramos acceder a ella.

La mente absorta que ha sido conocida a lo largo de la trayectoria del yoga como *unmani*, *shunya*, *turya*, *manonmani*, *sahaja*, *nirmana kala*, *laya* y otros términos que la diferencian de la mente ordinaria, *chitta* o *mani*. El estado o punto de *laya* se alcanza cuando el flujo mental se detiene, lo que a menudo también influye sobre el flujo respiratorio y lo ralentiza. Hay una desconexión de la dinámica sensorial y se disipa la mente ordinaria para dar paso a la mente quieta o no-mente.

Las técnicas de absorción mental o *dhyana* tienen por objeto vaciar y abstraer la mente para poder obtener una experiencia de orden superior que unos definen como la unión del principio individual con el cósmico, otros como la fusión del ser interior con el Absoluto, otros como la separación de la sustancia o naturaleza para establecerse en el puro Sí-mismo, otros como la inmersión en lo vacuo y otras maneras múltiples de descripción.

Para ir logrando una aproximación real a esa no-mente o *nirmana kala*, se han concebido y ensayado los métodos más diversos a lo largo de la historia del yoga, desde las enseñanzas y técnicas de Patañjali hasta las de los *natha-yoguis*, desde las de un yoga muy arcaico y casi prehistórico hasta las formas propuestas por los textos clásicos del Hatha-Yoga, donde se insiste en que esta modalidad yóguica es una escalera para llegar al Raja-Yoga.

Cuando la mente se aquieta por completo, se desvanecen las cualidades (*gunas*) de *raja* y *tamas* (agitación y torpeza) y surge la de *tattva* (pureza, armonía), donde se desencadena un conocimiento de orden muy elevado y la auténtica transformación.

Cuanto más elevado sea el grado de abstracción mental que se consiga, más próximo se estará a la última realidad, la que está velada por los torbellinos mentales, la dinámica sensorial, los apegos y odios, la nesciencia básica de la mente cegada por lo ilusorio (*maya*).

4. Al otro lado de la mente: el *samadhi*

El objetivo final de las diversas modalidades yóguicas es el *samadhi*, aunque no debemos pasar por alto las enseñanzas de Patañjali y de otros sabios. Todas las enseñanzas, técnicas y métodos que se nos brindan son para llegar a esa meta, pese a que los innumerables practicantes desconocen por completo ese logro que propone el yoga, ¿quién lo diría hoy en día? Una gran mayoría de técnicas tiene esa misión, y ahí podemos encuadrar los asanas, el *pranayama*, las técnicas en general del Hatha-Yoga, la utilización de mantras, mudras y *yantras*; además *pratyahara*, *dharana*, *dhyana* y las técnicas de introspección. Se marca un objetivo y se procuran los medios necesarios, sin dejar de incluir la ética, la alimentación sana y diferentes normas de vida.

Entre otras, hay dos maneras básicas de referirse al *samadhi*, aunque son muchas las personas que me comentan que no entienden nada acerca de este tema, ya que muchas veces reconocen que no están interesadas en el yoga por nada psicológico, filosófico o metafísico; es decir, que no disponen de un talento llamémoslo metafísico o espiritual, y que buscan en la disciplina yóguica beneficios que no tienen nada que ver con las respuestas a los grandes interrogantes de la existencia o con anhelos liberadores. Sin embargo, sin elevarse a grandes alturas, quieren saber qué es el *samadhi*, dado que se propone como una meta o un objetivo último del yoga.

Por lo tanto, trataré de referirme al *samadhi* desde un enfoque de «pies en tierra», aunque por fortuna nos puede llevar más allá de lo pura y descarnadamente terrenal, más allá de lo ilusorio y, en términos yóguicos, del *samsara*, que es fuente de inquietud, ignorancia y sufrimiento.

Cuando un practicante de yoga me pregunta acerca del *samadhi*, advirtiéndome que no entiende nada sobre un orden elevado o no está preparado para eso, pero que le gustaría saber qué se puede obtener si uno llega a experimentarlo, no me ando por las ramas y le digo lo que sigue:

> Supongo que, como todo el mundo, tienes apegos, odios, buen número de temores, miedo a la vida y a la muerte, angustia e insatisfacción. Pues bien, si se obtiene la experiencia profunda del *samadhi*, se logra terminar con el apego, el odio a la vida y la muerte, y se supera una buena dosis de angustia e insatisfacción.

El *samadhi* es una experiencia iluminadora y, a la par, transformadora. Existen diversos niveles de *samadhi*, más o menos profundos y definitivos; todos son capaces de disolver el ego en mayor o menor grado, y, por lo tanto, la autopersonalidad, así como la ordinaria actividad mental y sensorial.

El *samadhi,* dependiendo de su grado de intensidad, puede modificar más o menos la mente y desencadenar un grado mayor o menor de entendimiento, visión penetrativa y clara, lucidez y superación de las latencias del inconsciente, así como de los distintos condicionamientos. Ninguna forma de *samadhi* deja de ser importante, pero hay diferencia entre una experiencia de *samadhi* que dura un minuto y una que se prolonga durante mucho tiempo o indefinidamente, o entre una que es medianamente profunda y otra que es muy intensa. La experiencia de *samadhi* deja atrás la consciencia habitual y provoca el nacimiento de otro tipo de consciencia, percepción, cognición y autopercepción.

Esta explicación es del agrado de un reducido número de practicantes, que consideran el *samadhi* como una gran recompensa a sus esfuerzos. Sin embargo, recordamos la famosa frase: «Vamos a ir, aunque no lleguemos», puesto que el *samadhi* es un objetivo que, aun sin alcanzarlo, nos sirve de inspiración, aliento, alimento espiritual y referencia. Si no llegamos, vamos a aproximarnos. Con esa idea e intención, Patañjali nos ofrece sus grados, sus consejos y todas las instrucciones que recuperó de tiempos pasados, porque la meta que nos propone es exigente y ambiciosa, pero también una manera de superar la ignorancia y el sufrimiento. Pese a que no se llegue al *samadhi*, en la medida en que nos aproximemos, empezaremos a ser recompensados por sus efectos, como aquel que va ascendiendo a un rascacielos y percibe que su visión se hace cada vez más amplia y deja de ser tan torpe y oscura como la de un sótano.

Podemos preguntarnos: ¿Hay estados de *presamadhi*? Los hay, claro que sí, como hay diversos grados de comprensión, que puede ser más o menos clara o penetrante; o sea, más o menos transformadora. Los estados de *presamadhi* son débiles, pero esenciales «golpes de luz», eurekas (*insights*) que cooperan para lograr un entendimiento correcto y obtener ese especial conocimiento que gira y abre la mente, provocando una manera diferente de ser, basada en la sabiduría y no en la nesciencia, pasando de la ceguera espiritual a una penetrante visión mística.

Muchos buscadores espirituales que siguen las enseñanzas espirituales de Oriente no hacen diferencias al expresarse con términos como *samadhi*, *satori*, *nirvana*, santidad del *arhat*, *moksha*, *mukti*, *kaivalya*, *shunya* y otros, pues se les concede el mismo carácter de liberación, emancipación, autorrealización y despertar. Sin duda, hay sutiles diferencias, de acuerdo con esos altos estados de consciencia, pues dependen de diversas disciplinas liberadoras, según sean sus entornos, enfoques doctrinales y mentores. En general, se podría entender, para no penetrar en el campo escurridizo de lo académico, que se utilizan tales términos y otros para indicar un estado de mente liberado del ego y de la ofuscación, que son personajes siniestros de los que nacen tendencias nocivas, como el apego y el odio, la malevolencia y la codicia, todos son comportamientos insanos que provocan el sufrimiento propio y ajeno.

Así como no se puede recoger el agua con un colador, tampoco se pueden reducir a palabras esos estados supramundanos de la mente, aunque todos los que nos dedicamos a la enseñanza (sea oral o escrita, o ambas) hacemos lo que podemos, dentro de nuestras limitaciones, para ofrecer algunos puntos de referencia, dejando bien claro que la descripción no es el hecho y que ese estado de mente realizada solo es comprensible a partir de la propia experiencia, pues forma parte del terreno de lo incognoscible. Solo el liberado-viviente reconoce a otro, aunque en los tiempos en que vivimos son muchos los que se presentan falazmente como tales, se autoproclaman, y lo peor es que hay gente que cree en ellos y los sigue. Sin embargo, «la luna se refleja por la noche en el lago sin tener que anunciarlo», ni tener que convencer a los otros.

Se ha explicado a menudo el *samadhi* como una experiencia que provoca la liberación definitiva (*kaivalya, moksha, mukti*), pero no es así, y su mayor o menor influencia y grado de mutación psíquica depende de su clase, intensidad y duración. Pueden darse distintas experiencias de *samadhi*, y eso no quiere decir que sirvan para convertir a la persona en un *jivanmukta* o liberado-viviente, aunque sí para acelerar su evolución.

Como me decía un mentor, hablar del *samadhi* es como querer mantener una canica sobre la punta de una aguja. Este símil es tosco, pero elocuente, porque lo que está mucho más allá no puede ser expresado con palabras, pero estas en algo nos pueden orientar o motivar.

En casi todo, las divisiones y clasificaciones son a modo de conveniencias, ocurre mucho más cuando nos referimos a temas tan sutiles, pero hay que señalar que ya desde hace tiempo, seguramente mucho antes que los *Yoga Sutras*, los yoguis hacían referencia a distintas clases de *samadhi*, que posteriormente se fueron señalando en otros textos. No son pocos los mentores indios que me han aseverado que «sin *samadhi* el yoga pierde mucho de su sentido».

La intensificación del *dhyana* va conduciendo poco a poco al *samadhi*, pues, al unificar la consciencia, esta puede penetrar en la quintaesencia del objeto meditativo. Durante el *samadhi* propiamente dicho, se suspende el flujo de pensamientos y se agota el impulso de un buen número de impregnaciones y latencias del subconsciente, lo que permite una percepción y autopercepción mucho más claras. La experiencia de *samadhi* revela al Sí-mismo, sea como sea que se lo nombre.

Hay grados de *samadhi* pero solo el más elevado induce a la liberación definitiva (*jivanmukti*), pese a que, tras cada experiencia, la persona se va modificando y liberándose de las ataduras de la ignorancia básica de la mente.

Ha habido desde muy antaño referencias a dos tipos de *samadhi*:

1. Con apoyo o simiente: *samprajñata samadhi*.
2. Sin apoyo o simiente: *asamprajñata samadhi*.

El primero de ellos, cuando el *sadhana* continúa, desemboca en el segundo, o sea que por el *samprajñata samadhi* se accede al *asamprajñata samadhi*.

En el primero, hay un apoyo o simiente, que puede ser la

fijación de la mente en una de las técnicas o métodos, o su absorción en un sentimiento, estado o en el mismo Ishvara. Es un tipo de *samadhi* importante porque procura una percepción de la realidad, paz interior y gran absorción mental. En este tipo de *samadhi,* también conocido como diferenciado, hay distintos niveles, de acuerdo con la absorción conseguida, y se va escalando hacia la mente supramundana o consciencia más allá de la consciencia ordinaria, donde el ego va perdiendo su entidad y, por lo tanto, las tendencias nocivas que parten del mismo: apego y aborrecimiento, entre otras. La comprensión se va haciendo más clara y profunda, y el *buddhi* o inteligencia se va purificando y puede empezar a reflejar el Sí-mismo. Existen diversos grados de abstracción de la mente, que al irse conquistando van poniendo fin a la ilusión (*maya*) y al sufrimiento.

El *samadhi* sin apoyo o sin simiente es el *asamprajnata samadhi*, también conocido como indiferenciado, pues no requiere de un apoyo, simiente o soporte para producirse. Es el nivel más alto, el que libera de la influencia del ego, elimina el apego-odio, disipa la ofuscación, libera de muchas latencias inconscientes y conecta con la realidad. Así se produce una liberación final, una irreversible mutación de la psique y un tipo muy especial y revelador de conocimiento (*Gnosis*), que simbólicamente logra la apertura del ojo de Shiva o tercer ojo, el que los otros dos, la dualidad, no podían ver. Este *samadhi* es el que convierte a la persona en un *jivanmukta* o liberado viviente, que está en este mundo sin estar, que es de todos, pero de nadie en profundidad, del que se dice (lo que resulta un poco críptico o simbólico) que está despierto cuando todos duermen y está dormido cuando todos están despiertos.

Ha alcanzado el Uno-sin-dos, se ha fundido con la Consciencia o Vacío, como quiera denominarse, pero en todo caso ha ido mucho más allá de la consciencia común. Para el enfoque hindú, ha quemado todos sus karmas y, desde el enfoque del Kundalini-Yoga, ha despertado su energía *kundalini* (*Shakti* individuada) y ha conseguido trasladarla hasta el *sahasrara* o loto de los mil pétalos, que representa la iluminación definitiva o el irreversible despertar y realización.

5. El liberado viviente

La psicología de la persona liberada es muy difícil de percibir, pero lo que podemos dar por cierto es que un liberado-viviente o *jivanmukta* jamás hará gala de ello, ni se va a jactar, incluso ni siquiera lo va a insinuar. Como me dijo un mentor en la India: «¿Acaso necesita la luna autoproclamarse para reflejarse en las aguas del lago?». Obvio es que no y que el primer síntoma o signo de que uno está muy lejos de la liberación es querer pasarse por ello, pese a que hay muchos que lo pretenden en el circo de la espiritualidad.

En la persona liberada, la mente ha dado un giro extraordinario, tanto es así que ya no es la misma. Dicho de otra forma, la mente común puede seguir haciendo todas sus funciones habituales, pero ha surgido un tipo muy distinto a la común y que posee otra serie de características. Se ha convertido en una mente no egocéntrica, transpersonal, libre de lo que Buda denominaba las raíces de lo insano (ofuscación, avidez y odio), funcional y a la vez mística, que ha trascendido cualquier miedo a la muerte o a la no-egoidad, que ama sin apego o aferramiento, que puede disfrutar sin ansiedad ni afán de posesividad, abierta a todas las criaturas sin obsesión, ni afán de posesividad o dependencia, espectadora serena y ecuánime de los acontecimientos, que acepta con calma lo inevitable, que no se deja atrapar por las apariencias y ha disipado la ignorancia básica.

Una persona así está sin estar, sin dejarse afectar neurótica o desmesuradamente, no crea fricciones o conflictos inútiles y fluye con libertad en cada momento y situación, sin miedo, en apertura amorosa, sin ningún tipo de rencor o resentimiento, habiendo superado muchas latencias o impregnaciones del subconsciente y, por lo tanto, libre de muchos condicionamientos evolutivos, psíquicos y kármicos.

El *jivanmukta*, mientras vive en este cuerpo, tiene y atiende sus necesidades, pues su mente es la que ha dado un giro total y su psique ha cambiado, pero el cuerpo sigue experimentando dolor y placer, en los que permanece como un testigo no perturbado. Disfruta del verdadero contento, que es el interior, siendo bondadoso y espontáneamente ético. Respeta a todas las criaturas, vive con una mente clara y un corazón amoroso. Hace lo que tiene que hacer y se abstiene de lo que no tiene que hacerse, o sea que trata de estar en la acción correcta, en el pensamiento recto y la palabra idónea. Por eso, la conducta del liberado viviente es impecable.

Mi buen amigo Baba Sibananda de Benarés, con el que tanto departí saboreando humeantes tés en las escalinatas del Ganges, siempre me comentaba cómo ninguna persona avanzada espiritualmente se alardearía de su nivel espiritual y me insistía en que los auténticos y más realizados yoguis no se dejaban ver. Por eso, siempre he tenido muy claro, y así lo he manifestado, que somos aprendices de yoguis y no yoguis y como digo en mi trilogía de *El faquir*: «Soy un aprendiz, y el deber de todo aprendiz es seguir aprendiendo». Ningún orgullo es más criticable que el espiritual.

En las distintas tradiciones espirituales se ha considerado que hay personas que logran un altísimo nivel de consciencia que las convierte en liberadas o autorrealizadas. En el budismo se nos habla del *arhat* o santo, del que se dice:

> Habiendo considerado toda la variedad del mundo, ya no se conmueve por nada del mundo; sosegado, sin pasiones, sin agitación, sin anhelos, yo os digo que este ha ido más allá de nacimiento y de vejez.

Del mismo modo que el loto no puede ser manchado con agua sucia y la rechaza, el liberado-viviente ya no puede ser contaminado por apegos, odios o cualquier tendencia que le aparte de su centro ontológico. Está libre de afán de poder, codicia, maldad y resentimiento, porque hay pureza en su mente, en sus palabras y en sus actos.

Sin embargo, el liberado-viviente desarrolla una gran capacidad de adaptación y sabe moverse en las más diversas situaciones, flexible psíquicamente como un bambú, está inmerso en la vida de cada día y afronta las circunstancias que se van dando con ecuanimidad, sosiego y discernimiento claro. Su

sabiduría no le aparta de lo cotidiano y sabe integrar con equilibrio y serenidad las situaciones que se producen, incluso la
propia enfermedad, la muerte y otras limitaciones que se tienen
mientras uno está inmerso en un cuerpo-mente.

El *samadhi* no te aleja, ni se convierte en una huida, sino
que te acerca, para vivir con consciencia clara y ecuánime,
sabiendo respetar el curso de los acontecimientos existencia-
les, «firme como una montaña y fluido como la corriente de
un río», sabiendo tomar y dejar, sin apego y sin aversión, con
mente equilibrada y corazón amoroso, con poder interior ante
las adversidades, desde la humildad y la compasión.

Las técnicas *pratyahara*, *dharana* y *dhyana* no solo son
un camino de evolución mística, sino que también ayudan, y
mucho, a tener un comportamiento más idóneo en la vida de
cada día, a alcanzar una conducta de mayor firmeza interior,
una mente más estable y concentrada, un ánimo más sereno
y una manera más compasiva de tratar a todos los seres sin-
tientes.

Las abstracciones

Aquello que un tipo de mente no puede brindar puede darlo otro tipo o dimensión de mente, y lo que una forma de consciencia no alcanza a ver, penetrar y comprender lo puede ofrecer otra. La antigua instrucción: «Donde la mente acaba, se manifiesta lo que está más allá de la mente». Según la psicología, lo que está más allá orienta y florece cuando la mente ordinaria se recoge y cesan sus fluctuaciones, por lo tanto, se sitúa en su origen y conecta con la inteligencia primordial.

Siddharta Gautama, el Buda, tuvo dos grandes maestros de Yoga, que tenían un número considerable de discípulos. El primero fue Alara Kalama, mentor de gran honestidad, que huía de la fama, compartiendo técnicas muy eficientes para alcanzar estados mentales de alta abstracción, conocía grandes secretos de la mente, así como formas de escalar a estados superiores de consciencia hasta la «esfera de la nada». Siddharta se quedó con este gran maestro y practicó destrezas muy válidas para acceder a inefables experiencias místicas, suspendiendo los automatismos de la mente.

Buda, tras abandonar a Alara Kalama, siguió buscando un

maestro que le condujera más allá de la «esfera de la nada», y así encontró a Uddaka Ramaputra, un gran yogui, que era conocedor de técnicas muy precisas y milenarias para llevar la mente a estados de una reveladora absorción. Había accedido, mediante un largo entrenamiento personal, a «la esfera de la percepción y de la no percepción», un elevadísimo estado de consciencia, pero Buda lo abandonó para seguir su camino y trabajar en lo que él denominaba el nirvana. Pero estos dos grandes preceptores de yoga y conocedores de ancestrales técnicas para ir más allá de la limitada mente ordinaria fueron de un enorme valor en la búsqueda y *sadhana* de Buda.

Tan agradecido estaba Buda por las enseñanzas y métodos que recibió de sus mentores que, tras iluminarse, acudió a visitarlos, pero habían muerto. Ellos le procuraron métodos de gran eficacia para concentrar y abstraer la mente. Buda los utilizó con gran beneficio y eficacia, aunque luego experimentó y utilizó otros. Sin embargo, la meditación de abstracción o absorción es puramente yóguica y ha sido utilizada en la tradición budista como meditación *shamatha*, que a veces se denomina de tranquilización, pero es mucho más que eso, pues permite descubrir niveles muy elevados, que no solo tranquilizan, sino que transforman y reportan un tipo especial de percepción y cognición, por lo que en mi obra *Enseñanzas de la meditación budista* la elogio y recomiendo, aconsejando que se asocie con la meditación *vipassana*.

En este libro hablaremos de estas técnicas, porque forman parte de las yóguicas, ya que de ahí fueron tomadas. Del mismo modo, el yoga cogió mucho de las enseñanzas y técnicas budistas, como hizo el mismo Patañjali. Todo esto conforma los vasos comunicantes de la espiritualidad de la India, lo que afortunadamente ha enriquecido esa dimensión. Mahavira y Buda fueron grandes yoguis y verdaderos *mahayoguis*, como lo fueron Shankaracharya, Tilopa y tantísimos otros que han alimentado sin cesar la corriente de una sabiduría que ha logrado sobrevivir siempre.

En todas las tradiciones espirituales, incluidas las genuinas místicas de Occidente, se ha considerado que hay un ángulo de la mente capaz de captar realidades que escapan a la mente ordinaria, esclavizada por los pares de opuestos y los viejos patrones evolutivos y psicológicos, velada por el apego y el odio, los juicios y prejuicios.

Aunque no solo en las tradiciones espirituales, sino también en diversas corrientes filosóficas o de metafísica, como los pitagóricos y los estoicos. Así, con unas y otras denominaciones, se ha hecho referencia a la «nube del no saber», que es la que sabe y que es ese ángulo de máxima quietud y ausencia de pensamientos (*laya*) al que tratan de conducirnos las enseñanzas de Patañjali y los altos estados de consciencia que se pueden conseguir mediante su práctica o la conquista de los *jhanas,* las técnicas contemplativas de los místicos de todas las corrientes y épocas.

De la misma manera que hay un trasfondo de la mente, un sótano con su gran número de desordenados cachivaches, que hay que sanear e iluminar, en el extremo opuesto hay un plano de la mente (supraconsciente, supramundano) que se puede activar y despertar mediante técnicas creadas a propósito y ensayadas con tal fin. Así, del sótano del rascacielos mental se puede ir ascendiendo a la terraza y, en la medida en que se hace, se va ampliando enormemente la visión, hasta que es posible percibir esa última realidad que estaba vedada a la mente ordinaria, tan difusa como confusa, hipnotizada por las sensaciones y los pensamientos egocéntricos. Hay como una escala que poco a poco, con práctica y esfuerzo, se puede ir ascendiendo y, a medida que se hace, se producen otras cogniciones, percepciones y comprensiones profundas y transformadoras.

Según los grandes sabios hindúes, es posible rescatar un conocimiento liberador si uno consigue despojarse de la mente ordinaria como lo hace la culebra con su piel, para que nazca otro tipo de mente, con otros medios de conocimiento. En el viaje hacia adentro, la mente ordinaria debe dar paso a otra mente, tal como está muy definido en las enseñanzas de Patañjali y de otros grandes maestros.

Los escalones mentales que se pueden ir subiendo mediante una oportuna y asidua práctica meditativa son los *jhanas* a los que se refiere la tradición budista. También forman parte de la meditación *shamatha* o de absorción, de la que hablé muchas veces con mi entrañable amigo y gran especialista en budismo Theravada Amadeo Solé-Leris, ya que se encuentran en numerosas técnicas de autorrealización orientales y occidentales.

Buda, por su propia experiencia, conocía muy bien el alcance de los *jhanas*, que, una vez dominados, le condujeron a entrenar otros métodos para desarrollar la visión penetrativa (*vipassana*), que Patañjali sin duda conocía y tenía como la «visión pura»; es decir, sin condicionamientos. A continuación, examinamos los *jhanas*.

Primer *jhana*

Refrena los estímulos sensoriales y silencia nuestras respuestas internas, en un estado de serenidad, más allá de los venenos de la mente y del apego, experimentando contento y seguridad y logrando la unidireccionalidad de la mente sobre el objeto, aunque esta continúe funcionando todavía de manera discursiva y conceptual, pero lo hace mucho más sutilmente que en su estado habitual. Surge un torrente de confianza en uno mismo, alegría (que de alguna manera muy sutil todavía es apego o perturbación) y un excelente nivel de concentración, pero en él todavía hay deliberación. Es un primer paso hacia el éxtasis profundo, un primer bocado que probar de los deliciosos frutos que todavía esperan.

Segundo *jhana*

Intensifica el estado de quietud y la concentración se hace más profunda. La mente permanece en su condición natural, en toda su pureza. No analiza, no delibera, no reflexiona, pues se sitúa más allá del raciocinio. Sentimiento de inefable unidad. No solo la mente está serena, sino también el cuerpo. Se presenta un sentimiento de compasión, al que el meditador no debe apegarse.

Tercer *jhana*

Permite un estado de completa neutralidad, ecuanimidad y desapasionamiento, hasta tal punto que el mismo júbilo como tal se eclipsa. La imperturbabilidad es absoluta. Lucidez, consciencia pura, profundización en la contemplación. Calma absoluta.

Cuarto *jhana*

Representa una gran elevación, un estado muy alto de reabsorción, ajeno a toda dualidad, al placer-displacer, alegría-dolor. Un ánimo estable, una mente hiperlúcida, una consciencia que ha sido capaz de saltar fuera de las redes del ego. Ningún condicionamiento sensorial surgido del propio subconsciente, ninguna mácula de deseo, la experiencia desnuda de la contemplación, donde nada que no sea esa misma contemplación interviene.

El primer *jhana* se define por el contento; el segundo, por el afecto; el tercero, por la ecuanimidad; el cuarto, por la absoluta pureza más allá de toda dualidad, por la contemplación en su más pura esencia.

Cada *jhana* representa un estado de mayor elevación y estos cuatro *jhanas* o *dhyanas* conducen a otros cuatro estados todavía de mayor reabsorción y más pura contemplación, que se llaman *arupa* (sin forma, *jhanas* informes) o adquisiciones. Proyectan al universo sin forma a la vacuidad. ¿Qué nos pueden decir las palabras sobre estados tan sublimes? Representan una ausencia de personalidad, de ego, de consciencia ordinaria, de dualidad, de toda limitación, de identidad personal. No es consciencia, ni inconsciencia. A tales alturas místicas no alcanzan ni siquiera las palabras más bellas y significativas de los poetas. En los estados de *arupa*, todo desaparece para el individuo. Es, pero ¿quién hay para ser?

Recurramos al *Digha Nikaya* para hacer referencia a los cuatro *arupas*:

> Habiendo superado el cuarto *jhana*, entró en un estado en el cual solo está presente la infinitud del espacio, y dejando esa simple conciencia del espacio infinito, penetró en un estado de la mente en el cual solo está presente la infinitud de la consciencia universal, y dejando esa simple experiencia de la infinitud de la consciencia universal, entró en el estado de la mente, en el cual solo está presente la nada, entró en el estado de la no consciencia y la no inconsciencia y, superado este estado, alcanzó el fin de toda sensación.

Todos los *jhanas* son como escalones que, al ir ascendiéndolos, proporcionan una visión más amplia y penetrante, un conocimiento más puro e intuitivo. Se trata de una ascensión gradual, de una conquista progresiva de la cima, como el hábil y tenaz escalador va subiendo por la empinada pared de la montaña. Los faros de la Sabiduría y la Iluminación se van recogiendo a medida que se avanza, pero solo el Nirvana representa la iluminación definitiva. Estos estados permiten, sin duda, intuiciones profundas. Comienzan con la tranquilización de la mente (*sha-*

matha) y van aumentando la intensidad de la concentración, que es la vía de la contemplación y la superación del ego.

En la medida en que se alcanza ese estado de consciencia supraindividual, el yogui se aleja de la miel que se convierte en hiel de sus sentidos y logra una ecuanimidad inquebrantable, conectando con lo que es y no con lo que parece ser. Ya no hay ligadura, pues, como decía el gran yogui Sri Anirvan: «La ligadura es terrible». La tragicomedia existencial se vive de otro modo y no siempre pendiente de lo que gusta y disgusta. La nave del yoga conduce al núcleo del núcleo, sin diferencias de si se trata de un yogui budista, jaina, hindú o de cualquier otro tipo, pues cuando la mutación es completa, no hay un ego que pueda hacer diferencia entre esto o aquello.

No basta con solo desearlo para acceder a los estadios más elevados de la mente y poder recoger el revelador y transformador conocimiento gnóstico y supraconsciente. Se requiere todo un instrumental que haga posible ese desplazamiento hacia las capas más altas de la consciencia. Patañjali nos facilita los suyos y en la corriente del budismo se nos aportan otros de gran eficacia, pero tanto en uno como en otro sistema son necesarios, más bien imprescindibles, el esfuerzo, la práctica inquebrantable y el desapego. Nada acontece gratuitamente, aunque se admite que ha habido yoguis que ya nacieron para conquistas espirituales por anteriores existencias o personas que ya han nacido como buda (*pratyekabuddhas*).

En el yoga budista de viejo cuño se recogen valiosas herramientas para ser utilizadas en la evolución de la consciencia.

En la meditación de absorción o abstracción de la mente se han usado cuarenta soportes, pero haremos referencia a los diez *kasinas* u objetos externos, que son tierra, agua, fuego, aire, azul, amarillo, rojo, blanco, luz y espacio.

El *kasina* es un soporte externo que se utiliza para lograr la abstracción de la mente al ir escalando los diferentes *jhanas*. Cooperan en la intensa unificación de la consciencia; o sea, en la unidireccionalidad o lo que llamamos *ekagrata* en el yoga.

El mismo practicante tiene que prepararse el *kasina* que va a utilizar, lo que ya es un modo de comenzar con la práctica de la meditación, pues debe imponerse la atención con un ánimo sereno. Los discos de color (sean en madera, metal, tela o cartón o el material que fuere) se consideran los más eficientes para la fijación de la mente. De acuerdo con cada temperamento, se puede elegir (o el mentor lo sugiere) uno u otro color, y de acuerdo con el mayor o menor control que se tenga sobre la mente, el disco es más grande o pequeño. Para las mentes ya bien entrenadas se seleccionan discos de dimensiones muy pequeñas.

Tras haber preparado el *kasina*, el practicante lo sitúa frente a él, un poco por debajo de la línea horizontal con los ojos. Se fijan la mirada y la mente sin esfuerzo visual. Tras contemplar el *kasina* unos minutos, se cierran los ojos y se representa mentalmente con la mayor viveza que se pueda. Se mantiene uno en esa observación hasta que la imagen se disipa por completo y entonces se abren los ojos y se repite la operación. Después de un tiempo de práctica, se presenta la llamada contraimagen (*nimitta*) tras observar el *kasina* y cerrar los ojos. Esa contraimagen la utiliza el meditador como soporte para fijar e ir logrando grados de abstracción. Con la práctica suficiente, se consigue mantener el *nimitta* un tiempo y se mejora mucho la concentración y sobrevienen los *jhanas* sucesivos.

Una vez más, hay que considerar que en la práctica asidua es donde está el secreto del éxito y con esta práctica perseverante el practicante irá conquistando abstracciones meditativas que le brindarán un tipo de mente mucho más aguda, beneficiosa, estable y, sobre todo, idónea para evitar el daño a uno mismo y a los demás, para no añadir sufrimiento al sufrimiento inevitable e inherente a la vida.

Conclusiones

La psicología de las profundidades de la India, así como las diversas técnicas de autorrealización orientales, han considerado que la mente humana puede cultivarse, desarrollarse, armonizarse, purificarse y producir un tipo de comportamiento mucho más equilibrado, atinado, cooperante y provechoso para todas las criaturas y no solo para uno mismo, para así evitar el sufrimiento y aceptar consciente y equilibradamente el inevitable, mucho del cual viene dado por la ofuscación y la ignorancia básica de la mente.

Para que la mente pueda liberarse de sus tendencias nocivas, todas productoras de sufrimiento, y para que la consciencia se acreciente y evolucione, se requieren esenciales enseñanzas y métodos, aparte de las experiencias que uno por sí mismo vaya obteniendo, mediante el trabajo interior y el cultivo psíquico.

Estas enseñanzas orientan en la Ruta y los métodos son las herramientas prácticas para darle un giro a la mente y obtener una visión clara y transformadora, todo esto debe producir un verdadero cambio interior que aparece cuando se van erradicando de la mente y de lo más hondo de la psique los impulsos destructivos y autodestructivos que han generado una colosal masa de sufrimiento que podría evitarse.

Patañjali es un sabio más de los tantos que aportan válidos métodos e instrucciones a la colosal corriente del río del yoga, donde hay que dar la más agradecida bienvenida a todas las enseñanzas y métodos que pueden ayudarnos en esa revolución interna, que nos traslade de la nesciencia que esclaviza y que tanto dolor genera a la sabiduría que libera y hace posible la realización de sí mismo.

Apéndice

Yoga y desarrollo superior

1

El aspirante debe llegar por sí mismo a la comprensión de que el ser humano se encuentra en un estado interior muy pobre, que podríamos calificar de semidesarrollado. Cuando se comienza a efectuar con seriedad y rigor el trabajo interior, solo entonces, el practicante se hace consciente, a veces con bastante dolor, de su falta de verdadera evolución interior. Esa falta de desarrollo interior, que convierte al hombre en un esclavo de su propia naturaleza, se verifica personalmente mirando en uno mismo, excavando en lo más profundo del mundo interior, tomando consciencia de la vida psíquica. La evolución técnica de nuestro mundo no se ha visto correspondida por una adecuada evolución psicológica y, sobre todo, espiritual. El ser humano no ha completado su desarrollo psíquico, pero dispone de los medios para llevarlo a cabo. Debe despertar todas las facultades internas con que generosamente le ha obsequiado la naturaleza para estimular sus potenciales cósmicos y convertirse en un hombre más perfecto y desarrollado.

Por supuesto que, para aquellos que no acepten o ni siquiera se planteen la posibilidad de un avance, este nunca será posible. La mayoría de los seres humanos permanecen ajenos a su desarrollo y mueren en el mismo estado de evolución que tenían al nacer, sin tener siquiera conocimiento de este estado. Sin embargo, quienes emergen de su ignorancia y se dan cuenta de su falta de desarrollo ya han dado un importante primer paso en el sendero hacia la autorrealización. Para poder completarse, hay que comenzar por saberse incompleto; de igual forma, para perfeccionarse, hay que comenzar por saberse imperfecto.

Todas las técnicas orientales de autorrealización coinciden en que el hombre no ha terminado de evolucionar interiormente, y por supuesto el yoga más que ninguna otra, en cuanto que es fin y es medio, es enseñanza y método.

Ha habido una evolución a nivel físico y, sin duda, una bastante limitada a nivel mental y psicológico, pero el ser humano no ha alcanzado el límite de su desarrollo superior. Podemos pensar que lo que propone el yoga como meta que alcanzar (liberación, o sea, *moksha* o *mukti*) escapa a los logros del ser humano, pero no es así, puesto que a lo largo de milenios se nos ha informado de personas que han ido más allá de la consciencia ordinaria y han despertado a un tipo especial de conocimiento que nos cambia psíquicamente y nos brinda un modo mucho más armónico y cooperante de ser. Ese estado superior de consciencia, liberada de muchos condicionamientos, no es ilusorio o una fantasía, si bien para hacerlo posible hay que llevar a cabo un prodigioso trabajo, parte del cual nos propone Patañjali y otros grandes sabios o realizados.

El Yoga, como tantos otros sistemas soteriológicos de Oriente, propulsa la evolución interior, que debe extenderse a los planos mental, psíquico y espiritual, pues de otra forma sería incompleta.

Por extraño que pueda parecer, la psicología occidental se ha ocupado muy poco de esta psicología del desarrollo superior del ser humano, observada desde hace milenios por determinadas escuelas y sistemas de perfeccionamiento de Oriente y algunos marginales de Occidente. ¿Cómo permanecer ciegos e ignorantes al posible desenvolvimiento de la mente, las emociones, los sentimientos y en general los elementos constitutivos del ser humano? Nadie con sensibilidad debería permanecer indiferente.

2

El ser humano se encuentra a mitad del camino. Puede, sin embargo, con sus propios medios (y las enseñanzas que recibe), ir poco a poco recorriendo todo el sendero y aproximándose a la autorrealización, que representa la libertad interior y el desarrollo elevado de la mente y la psiquis, para poder aproximarse al Sí-mismo, sin importar cómo le denominemos.

Para que un ser humano pueda completar su desarrollo, lo primero que debe hacer es comprender su condición actual de semidesarrollo y la posibilidad de superarlo, mediante el trabajo interior aplicado adecuada e inteligentemente.

¿Qué debe hacer el aspirante para ser consciente de su estado de semidesarrollo? Debe escudriñar en su vida interior, estudiarse y observarse. A poco que esto se haga, inevitablemente se dará cuenta de que su vida psíquica está fragmentada y que su mente sigue unas direcciones rutinarias y establecidas que hacen imposibles unos horizontes más amplios. Sabios como Patañjali, que han implementado conocimientos y métodos muy anteriores a ellos y larga y profundamente experimentados, ponen en manos del buscador espiritual las enseñanzas para que la liberación no sea solo una idea romántica, sino una meta alcanzable.

El trabajo interior permitirá ir controlando los pensamientos, las emociones y los sentimientos, facilitando la alerta de la atención mental, lo que hará posible un desenvolvimiento superior inspirado en la ecuanimidad, la visión clara y la actitud compasiva. Pero ese trabajo interior no puede limitarse a un desarrollo de la consciencia, sino que implica una verdadera revolución, apoyada por los grados del yoga de Patañjali.

Es conveniente reflexionar con frecuencia sobre el estado actual de uno mismo y sobre las posibilidades de superar ese estado y alcanzar otro más evolucionado. Al conocer el estado actual y comprobar sus deficiencias, se experimentará una especie de rechazo, que servirá de estímulo para trascender a un plano más sagaz e independiente de consciencia.

El Yoga entiende la autorrealización como un volverse más real, como un verdadero despertar a la propia realidad. Se puede clasificar al ser humano en dos categorías: una como víctima de la ignorancia y de la falsa personalidad y otra de la lucidez y la intuición del Sí-mismo. La primera es en cierto modo un simulacro de la segunda, un hombre esclavizado por las influencias del exterior y de su propia mente subconsciente, mediatizado por todo lo que hay en él de adquirido y no auténtico, alejado de su esencia y de su propia naturaleza. Sin embargo, en todo ser humano permanece el hombre real, el verdadero hombre interno, que es al que se debe ir rescatando poco a poco para obtener su realización. Ese largo camino que se extiende desde el hombre actual en que se encuentra el ser humano hasta el estado de autorrealización es el camino del Yoga, que se recorre felizmente gracias a las técnicas milenarias de que dispone. El Yoga nos indica a dónde hay que llegar y nos facilita el vehículo para ello, con manuales como los *Yoga Sutras*, que nos ayudan a reorientarnos y que, con sus procedimientos, nos prestan su auxilio para arribar a la meta.

Las técnicas del Yoga, experimentadas por numerosísimos practicantes a lo largo de sus siglos de historia, conducen a la Unión (*yoga*). Unión consigo mismo, con los demás seres de la naturaleza, con el cosmos. Unión con las potencias creadoras, con el Absoluto o el Vacío.

El desarrollo superior va apareciendo a medida que la persona fortalece su capacidad de autoconocimiento y autodominio. El control debe extenderse tanto a las actividades internas como a las externas y tanto a la persona interior como a la exterior. Es un trabajo integral, y por ello, precisamente, hay diferentes modalidades de yoga, que se complementan, siendo la del Raja-Yoga sobre la que pivotan las demás.

El estado de semidesarrollo se caracteriza porque hay mucha inestabilidad e inmadurez en la mente y en las emociones, abundan las contradicciones y los conflictos, y así se malgasta una energía que es importante poner al servicio de la mutación interna. El estado de autorrealización, por el contrario, se caracteriza por una absoluta madurez y un sano autodominio. La persona que ha alcanzado tan venturoso estado tiene el poder de neutralizar las influencias negativas, que provienen del subconsciente y del mundo exterior. En lugar de seguir siendo mediatizado y gobernado por las influencias negativas, el hombre realizado es capaz de gobernarse a sí mismo y hacerse impermeable a las influencias negativas del exterior.

3

El progreso yóguico es gradual y, a medida que se va produciendo, el practicante se va liberando de las cualidades negativas: como el miedo, la inseguridad, etc., que son esas fuerzas que habitan en su interior en constante choque y contradicción. Una de esas contradicciones básicas, tan antigua como el hombre mismo, es aquella que surge del enfrentamiento entre la volición y el deber, entre lo que el hombre quiere y lo que debe hacer. A veces, este conflicto básico se acentúa de tal forma que el individuo se siente desgarrado e ineficaz para solucionarlo. Al fallar la voluntad y la verdadera comprensión, se penetra de lleno e inevitablemente en el conflicto, que deteriora y mina a la persona, sustrayéndole sus mejores potenciales, esos que Patañjali, con sus prescripciones, quiere activar y canalizar, hallando así esa «conjunción de los contrarios» que abre una nueva perspectiva, «un tercer ojo» que penetra la realidad que se nos escapa.

En esa prolongada escalera que separa al hombre de la autorrealización, el conocimiento es el primer escalón. Hay que esforzarse por obtenerlo, ya que hará posible la comprensión profunda y la realización de sí. Ese conocimiento será una luz capaz de descubrir al hombre-real y de iluminar al Sí-mismo. La ecuación es, pues, conocerse-comprenderse-realizarse. El conocimiento nos permite descorrer los densos velos que ocultan la esencia y penetrar hasta la base de la persona. Tal conocimiento no sobreviene, desde luego, de forma gratuita y se requiere necesariamente el esfuerzo personal y un adiestramiento perseverante que se va consolidando instante a instante, porque es la llave que abre la puerta del Conocimiento, donde, de acuerdo con Patañjali, son imprescindibles el esfuerzo y el desapego.

Es conveniente meditar con cierta asiduidad sobre aquellas cualidades negativas que son producto del estado de no-realización. El practicante debe interiorizarse y tomar consciencia de sus deficiencias, sus sentimientos negativos y sus estados de ánimo destructivos. Hay que contemplar toda esa carga negativa con mucha atención, pero con igual desapasionamiento, sin dejarse atrapar por ella. Hay que tomar consciencia de los propios fallos para poder corregirlos.

¿Qué falla en mi mente? ¿En mis emociones? ¿En mi forma de ser? ¿Cuándo hay conflicto, duda, contradicción? ¿En qué momentos me veo dominado por mi carga negativa y cuándo, por el contrario, soy capaz de controlarla y superarla?

Hay que ir conociendo y comprendiendo los propios mecanismos, pues de otra forma no habrá modo de dominarlos. El conocimiento y la comprensión hacen más resistente al practicante, que en un momento dado puede sustraerse a las influencias negativas. Los temores imaginarios se van trascendiendo a medida que se escalan superiores niveles de consciencia y el hombre comienza a ser uno consigo mismo, libre de impurezas que adulteran o enmascaran su esencia. Todo aquello que de una u otra forma le está robando la libertad interior a la persona se va perdiendo progresivamente, mediante el trabajo interior.

En la búsqueda del estado de autorrealización, que representa la ausencia de todo vínculo o ligadura, el practicante cuenta con un importante instrumento de colaboración, que es su propia mente. El nivel mental es como un puente entre el individuo y su Yo. En el estado de semidesarrollo, la mente solo funciona en base a las elaboraciones intelectuales, pero sin la luz de la intuición o del conocimiento superior; es decir, sin hacer posible la percepción yóguica, aquella que está más allá del conocimiento meramente sensorial.

Pero cuando se obtiene el estado de autorrealización, entonces es posible percibir yóguicamente; es decir, más allá de las apariencias.

4

El yogui va purificando y preparando su mente para que sea como un espejo en el que pueda reflejarse con toda fidelidad el Sí-mismo. Si el espejo permanece sucio las imágenes que refleja son infieles, pero no es así si se encuentra limpio. Al ir despejando toda la impureza de la consciencia y al neutralizarse su trasfondo, se halla en condiciones de hacer posible la manifestación del Yo.

Al igual que la bombilla se sirve de la electricidad para lucir, el Yo se sirve de la consciencia para manifestarse, para dar su luz. A medida que la mente se va integrando, el Yo va dejándose percibir. Son siempre los medios de percepción los que fallan, pero no el Yo.

A pesar de los miles de años de historia del hombre, es de lamentar que todavía no haya tomado la firme decisión de conocerse. Si por algo se define el ser humano es por el desconocimiento tan acentuado que tiene de sí mismo, de sus mecanismos, reacciones e incluso de las posibilidades que puede utilizar para ir adquiriendo un conocimiento más elevado. Un conocimiento supraconsciente o supramundano, así como una comprensión más profunda, capaz de acercarle a una respuesta, que no puede obtenerse solo mediante la ciencia o la filosofía.

La persona se ha lanzado desde hace siglos hacia el bienestar puramente exterior que, a pesar de todo, no cubre todas las necesidades humanas. Hay un bienestar mucho más permanente y menos decepcionante que el exterior, que el hombre puede encontrar en sí mismo mediante el esfuerzo personal y la práctica de determinadas técnicas introspectivas.

La mayor o menor rapidez en ir obteniendo el bienestar interior depende siempre del practicante y de los siguientes factores: su naturaleza, que es un factor esencial; el grado de madurez del individuo, que no depende de la edad; el esfuerzo personal y el sacrificio, que exigen tener que despojarse de muchos elementos adheridos al hombre desde toda una vida y cuya destrucción provoca dolor.

Muchas son las personas que quieren cambiar y que incluso anhelan una honda transformación interior, pero no están dispuestas a sacrificar nada en sí mismas, ni a ceder en sus inclinaciones, prejuicios o convicciones. El verdadero cambio exige una mutación en la mente y en la psiquis, como lo supo muy bien Patañjali, que por eso procuró un itinerario espiritual bien definido.

El verdadero cambio requiere una profunda transformación en la que hay que arrasar muchas cosas para que otras puedan florecer. El verdadero cambio no es un juego de niños, y representa una alquimia de todo el ser, que muy pocos pueden llevar a feliz término, ya que no consiste en cambiar una creencia, una idea o un hábito. El cambio auténtico se extiende a toda la persona, externa e internamente. Por lo tanto, es un contrasentido querer cambiar y, al mismo tiempo, querer seguir siendo el mismo; querer transformarse, pero continuar cultivando los mismos sentimientos negativos, los mismos pensamientos y hábitos, los mismos deseos y tendencias.

No se cambia de repente ni de forma gratuita, ya que, si una persona ha sido la misma en determinados enraizamientos durante años, no cambiará con solo desearlo. El cambio solo es posible mediante un prolongado trabajo interior que hace que se vaya produciendo siempre por grados y no abruptamente.

Las reacciones y vivencias que permanecen, fijadas en el individuo desde hace muchos años, no pueden cambiarse en unas semanas. Así como los traumas, prejuicios, convencionalismos y temores que están enraizados desde la niñez no pueden transformarse rápidamente. Hay personas que desearían cambiar como se cambian de traje, con la misma facilidad, con el mismo insignificante esfuerzo, sin ofrecer nada de sí mismas como contrapartida.

Para hacer posible el cambio interior, el practicante tiene que ir fortaleciendo su voluntad y debe adiestrarse en el esfuerzo personal. El superarnos en las pequeñas cosas nos ayudará a vencer en las cosas grandes, como siempre se ha sostenido en el Yoga: los pequeños controles conducen a los controles superiores. La voluntad es un poderoso motor que se debe ir reforzando día a día, sin desfallecer, con mucha constancia, pues le ayuda al hombre a vencerse a sí mismo. Si la voluntad no se adiestra y se cultiva tal y como se hace con una planta, termina por atrofiarse y termina por secarse si carece de agua. Una voluntad atrofiada convierte al individuo en abúlico e indolente, incapaz de efectuar el menor esfuerzo.

Muchas personas viven mecánicamente y tienen tal desconocimiento de sí mismas, que ni siquiera son conscientes de su carencia de estabilidad y de madurez. Alimentan, con asiduidad, una imagen muy falsa de sí mismas y se atribuyen cualidades de las que siempre han carecido. Si esa falsa imagen que tienen de sí mismas no se destruye, todo progreso interior verdadero será imposible. Nadie trata de conseguir aquello que ya cree poseer, y si un hombre, por ejemplo, se atribuye la cualidad de la justicia, ya nunca se esforzará por ser justo, aun cuando sea el hombre más injusto de este mundo.

Debemos estar prevenidos contra lo que en principio nos resulta agradable porque muchas veces lo que es agradable no quiere decir que sea beneficioso para el desarrollo interior. Para un toxicómano, la droga es muy agradable, a pesar de lo nociva que pueda resultarle, y evitarla es para él doloroso, aunque es algo beneficioso. Por lo general, el hombre en su continua persecución del placer externo se deja arrastrar por las cosas agradables, sin reparar en si favorecen o no su desarrollo interior.

5

La psiquis de la persona ordinaria se encuentra en un estado de considerable fragmentación y las técnicas tienen por objeto superar esa situación. *Yama* y *niyama* son el aliento ético necesario, asana y *pranayama* equilibran la actividad psicosomática, *pratyahara*, *dharana* y *dhyana* ofrecen la psicotecnología para mutar y acceder al *samadhi*. El que obtiene el definitivo es un *jivanmukta* o liberado-viviente; un *arhat*, en la tradición budista, un despierto. El que tal condición obtiene está en este mundo sin ser ya de este mundo, o sea que las ligaduras psíquicas (y kármicas) que son propias del ser humano común no lo son para el *jivanmukta*. Patañjali no se extiende sobre esta condición y, una vez más, brilla por su parquedad en las descripciones.

Hay un rico caudal de energía dentro de toda persona, pero se utiliza incorrectamente y se malgasta. También hay muchas contradicciones, conflictos y complejos sobre todo aquello que es muy doloroso y empobrece interiormente al individuo.

Hay mucha fluctuación, fragilidad y dispersión, propias de un estado de semidesarrollo. El yogui se esfuerza por ir integrando su psiquis y por potenciar su Yo y, sabiendo que el apego a las cosas del exterior le sitúa en una posición de desventaja, se adiestra en el autodominio y el desapego. Evita estar a merced de las circunstancias exteriores y aprende a desencadenarse del exterior para establecerse en su propia naturaleza. Aprovecha su existencia terrena para ejercitarse de continuo, pues su roce con la vida lo utiliza para fortalecerse y desarrollarse. Siempre cabe un mayor perfeccionamiento; por eso el yogui, aun cuando ha conquistado fases superiores de su mente, continúa adiestrándose y jamás se abandona a sus reacciones mecánicas. En estados mentales como el *pratyahara,* el *dharana* o el *dhyana*, se encuentra el poder necesario para no ceder en la escalera hacia una consciencia sin fronteras.

Desde que el individuo nace, comienza su evolución interior: mental, psicológica y espiritual. Hay una evolución del bebé al adolescente, de este al joven y de este al adulto, pero al llegar a esta fase el individuo sufre un estancamiento y un total detenimiento en su evolución interior. El desarrollo que se ha ido sucediendo de forma progresiva se suspende y la persona se queda con un grado de evolución considerablemente pobre. A partir de ese momento, el individuo solo busca prosperar materialmente y se vuelca por completo hacia el exterior, haciendo caso omiso del progreso interior y alejándose de su Sí-mismo. Como resultado de la despreocupación por la vida interior, una gran mayoría de personas ya no evolucionan interiormente una vez que han llegado a la etapa adulta. La existencia transcurre en un estado de semidesarrollo, con la consciencia semidormida y las facultades internas aletargadas. ¡Dichoso aquel día en que una persona descubre su estado de semidesarrollo! Dichoso, porque desde ese momento quizá se decida a trabajar para poder obtener un estado de plenitud, de realización. Muchas han sido las técnicas liberadoras que en todas las épocas y latitudes se han desarrollado para cambiar el estado de inmadurez mental, psicológica y espiritual del ser humano mediante unos procedimientos capaces de despertar interiormente al hombre y realizarlo.

Aquel trabajo que el aspirante tiene que efectuar para lograr el progreso mental, psicológico y espiritual es el que se entiende por trabajo interior, es una labor de purificación, crecimiento espiritual y perfeccionamiento total. El trabajo interior puede ser realizado por toda persona y tiene la ventaja de poder llevarse a cabo en cualquier momento o circunstancia, pues se basa en unas técnicas puramente interiores. Tiene como finalidad el autocontrol, el autoconocimiento y el perfeccionamiento de todos los aspectos que componen al individuo. Tales técnicas introspectivas son tan antiguas como la humanidad y han sido bien conocidas por místicos, ascetas, iniciados y adeptos. Se han perpetuado a lo largo de milenios a través de los instructores espirituales y las escuelas iniciáticas. La evolución yóguica es integral: fisiológica, mental, psicológica y espiritual. El trabajo interior, que hace posible esta evolución yóguica, puede efectuarse en el aislamiento, pero también en la vida cotidiana, durante las actividades diarias. Se va conformando instante a instante, pues el aspirante aprende a cultivar su resistencia interior, su fortaleza, todo lo que tiene de positivo en sí mismo. Despierta su mente para que esté más alerta y consciente, controlando sus reacciones y tendencias. El practicante, mediante su trabajo interior puede despojarse de su carga negativa y reafirmar la positiva, así puede conocerse, comprenderse, controlarse, perfeccionarse y liberarse.

6

Comprender es mucho más importante que conocer, pues el conocimiento es comunicación y la comprensión es comunión. Comprender es romper las distancias entre el contemplador y lo contemplado, obteniendo una experiencia mucho más directa y profunda que la meramente intelectual, consiguiendo una intensa vivencia interior del objeto de la comprensión que, cuando es verdadera, está mucho más allá del conocimiento.

Si conocer es el paso previo, comprender es ampliar hasta el límite el conocimiento y ser uno con la cosa comprendida. El conocimiento entraña dualidad y la verdadera comprensión es unidad. Aunque este puede generar conflicto, la comprensión se establece más allá de todo conocimiento, pues se apoya en elaboraciones mentales; y en la comprensión intervienen la mente, las emociones, los sentimientos y la intuición. No hay conocimiento más elevado que el de la Verdad ni comprensión más fecunda que la de uno mismo y la del Universo.

A medida que se progresa interiormente, se obtiene un mayor autoconocimiento, un mayor autodominio y una consciencia más lúcida. El aspirante va descubriendo sus deficiencias, sus sentimientos y pensamientos negativos, sus hábitos nocivos y, una vez que conoce todo eso, debe tratar de comprenderlo y, por último, de liberarse de esa carga negativa.

Existen muchas y notables diferencias entre el hombre ordinario y el hombre realizado, pues entre uno y otro hay diversas categorías de practicantes, ya que hay una escala en el trayecto hacia la autorrealización.

El hombre ordinario se caracteriza por su total carencia de armonía, lo que afecta incluso al organismo físico y se extiende a su mente, su psiquis y, en suma, todo su ser. Al contrario, en el hombre realizado hay una sólida armonía interior y un equilibrio permanente en su psiquis y su mente.

En el hombre ordinario, abundan las fuerzas interiores que, escapando al control de la voluntad y de la consciencia, permanecen en constante contradicción, librando una dura batalla entre ellas mismas, desgastando al individuo y deteriorando su mundo interior. Hay un enfrentamiento, en ocasiones verdaderamente atroz, entre las emociones, los pensamientos, los sentimientos, los instintos, las inclinaciones y todas las fuerzas interiores que, con frecuencia, rigen al individuo, cuando debería ser el individuo quien gobernase sobre ellas. El hombre ordinario, atrapado por todas esas fuerzas, se ve desgarrado en su mundo interior y se convierte en víctima de la angustia, la ansiedad, la melancolía o cualquier otro estado de ánimo negativo. Por el contrario, el hombre integrado ha conseguido que su voluntad prevalezca sobre sus fuerzas interiores, evitando que entren en contradicción o resolviendo la contradicción con acierto si es que surge.

La persona común se enfrenta con asiduidad a sus dispersas y confusas fuerzas internas en un conflicto básico, y de esa lucha de tendencias sobreviene un absoluto desasosiego interior. Se debe a una falta de conocimiento y control de los diversos niveles del ser humano; una carencia de dominio sobre el sistema emocional y mental. El hombre desarrollado se encuentra mucho mejor preparado que el ordinario para resolver este conflicto y poder mantenerse en un estado de neutralidad cuando necesario.

Patañjali parte de que somos personas en un estado de ignorancia básica, a merced de las influencias negativas exteriores e interiores. En cambio, el hombre realizado es capaz de refrenar las influencias negativas de su subconsciente y puede sustraerse a las influencias negativas del exterior.

La persona inmersa en la ignorancia básica es víctima de los más variados sentimientos negativos: envidia, celos, odio, codicia, etc. Por el contrario, el hombre realizado ha superado sus sentimientos negativos y ha aprendido a cultivar sus sentimientos bellos y más elevados. En el hombre semidesarrollado, el subconsciente, siempre dinámico, condiciona el mundo interior, la conducta y la forma de ser, que invade esporádica y descontroladamente la consciencia y origina molestas modificaciones, pues le roba toda su libertad interior y crea malestar. Sin embargo, el hombre realizado ha neutralizado su subconsciente, lo ha controlado y lo ha puesto a su servicio, con lo cual ya no es un enemigo, sino un fiel colaborador.

Las relaciones del hombre ordinario con los demás son egoístas, instintivas y, por lo general, carentes de verdadera entrega, tolerancia y comprensión, porque se busca la utilidad de la relación y la posesividad. El comportamiento del hombre desarrollado en este sentido es muy diferente, ya que busca una relación más allá del egoísmo, donde sea posible la entrega verdadera y una auténtica comunión. Pretende el amor verdadero, sin privilegios, sin afán de posesividad, sin diferencias, sin dualidad entre lo tuyo y lo mío.

El cuerpo mental de la persona semidesarrollada es un caos, pues las ideas permanecen dispersas y desordenadas. Hay descontrol mental y el individuo se ve continuamente asaltado por sus pensamientos y fustigado por su imaginación. La atención mental es muy débil e intermitente y el discernimiento está en cierto modo atrofiado. El hombre integrado, en cambio, ha aprendido a conocer todos los mecanismos de su mente y puede controlarla. Ha perfeccionado su discernimiento y puede, mediante él, descubrir entre lo ilusorio y lo real, lo falso y lo verdadero. Ha alertado su atención mental y ha hecho de ella un centinela capaz de proteger su mundo interior y hacerlo menos vulnerable.

El comportamiento del hombre ordinario es mecánico, descontrolado, inconsciente, por el contrario, el del hombre integrado es autocontrolado y consciente, dirigido por una mente lúcida y vigilante. Son tantas las diferencias existentes entre el hombre ordinario y el realizado que no pueden señalarse todas. Por lo tanto, resulta inconcebible que en Occidente sean tan escasas las personas que se han ocupado seriamente de ese desarrollo evidente que todo hombre puede conseguir mediante el adiestramiento personal.

En la sociedad moderna, desde luego, el ambiente no es el más favorable para el desarrollo superior y la autorrealización, pues estamos en una sociedad competitiva y violenta, donde todo está canalizado materialmente y donde solo se presta atención al bienestar exterior y a la técnica, lo cual exige un esfuerzo aún mayor del que sería normal en otras condiciones para autorrealizarse. El niño es educado con el objetivo de desenvolverse en una sociedad, que se despreocupa de los verdaderos valores interiores y, cuando es adulto, si quiere perseguir el desarrollo superior, se verá obligado a desmontar muchos elementos incorrectamente integrados en su mundo interior.

El ser humano se ha lanzado a la conquista de la técnica y se ha olvidado de la conquista más trascendental: la de sí mismo. Si no fuera por esos hombres superiores o iniciados que salpican con su bienaventurado conocimiento a la humanidad, el hombre se habría atrofiado interiormente y se habría convertido en una máquina más, como esas que concibe su ingenio. Se requiere un nuevo hombre que, además de los logros exteriores, pretenda los interiores y que combine el avance exterior con el interior, aspirando a unas cotas más elevadas de pensamiento y a una visión más amplia y penetrante. Para todo esto, se necesitan enseñanzas y metodologías espirituales, como las que nos ofrece Patañjali tras haberlas recogido él mismo de épocas anteriores.

editorial **K**airós

Puede recibir información sobre
nuestros libros y colecciones inscribiéndose en:

www.editorialkairos.com
www.editorialkairos.com/newsletter.html

Numancia, 117-121 • 08029 Barcelona • España
tel. +34 934 949 490 • info@editorialkairos.com